O Melhor de Mario Quintana

Agradecimentos a
Elena Quintana, César Saut, Sandra Ritzel

© Armindo Trevisan, Dulce Helfer e Tabajara Ruas, 2014

CIP-BRASIL. CATALOGAÇÃO NA PUBLICAÇÃO
SINDICATO NACIONAL DOS EDITORES DE LIVROS, RJ

T712m 3. ed.
        Trevisan, Armindo, 1933- O melhor de Mario Quintana / Armindo Trevisan, Dulce Helfer, Tabajara Ruas. – 3. ed. - Porto Alegre : AGE, 2023.
        128 p. ; 17,5x25 cm.

        ISBN 978-65-5863-174-3
        ISBN E-BOOK 978-85-8343-105-3

        1. Poesia brasileira. I. Helfer, Dulce. II. Ruas, Tabajara. III. Título.

23-81994   CDD: 869.1
                   CDU: 82-1(81)

Meri Gleice Rodrigues de Souza – Bibliotecária – CRB-7/6439

Reservados todos os direitos de publicação à
LEDUR SERVIÇOS EDITORIAIS LTDA.
editoraage@editoraage.com.br
Rua Valparaíso, 285 – Bairro Jardim Botânico
90690-300 – Porto Alegre, RS, Brasil
Fone: (51) 3223-9385 | Whats: (51) 99151-0311
vendas@editoraage.com.br
www.editoraage.com.br

Impresso no Brasil / Printed in Brazil

O Melhor de Mario Quintana

3.ª edição

Armindo Trevisan

Dulce Helfer

Tabajara Ruas

Editora AGE

PORTO ALEGRE, 2023

Concepção editorial
Armindo Trevisan
Dulce Helfer
Cristiane Löff

Textos
Armindo Trevisan
Tabajara Ruas

Fotos
Dulce Helfer

Design gráfico
Cristiane Löff

Editoração eletrônica
Proforma Design e Comunicação

Revisão de textos
Armindo Trevisan
Dulce Helfer

Supervisão editorial
Paulo Flávio Ledur

República dos Estados Unidos do Brasil
ESTADO DO RIO GRANDE DO SUL

ANTONIO TORCELLI
OFICIAL DO REGISTRO CIVIL
Distrito de Alegrete

Certidão de Nascimento

CERTIFICO que, sob N.º 154 , à fôlha 40 VS do livro número oito (8) de registro de nascimentos, encontra-se o assentamento de M A R I O nascido aos trinta (30) dias do mês de Julho de mil novecentos e seis (1906) , às — horas em Alegrete-Rio G.do Sul do sexo masculino , de côr branca , filho legítimo de Celso de Oliveira Quintana e sua esposa D.Virginia Miranda Quintana, brasileiros, naturais dêste Estado.

OBSERVAÇÕES: Registro feito aos 4 de Agosto de 1906.

Todo o referido é verdade e dos próprios livro e fôlhas me reporto e dou fé.

1º Distrito de Alegrete,

O Oficial do Registro Civil

SUMÁRIO

FOTOGRAFANDO O POETA 11
    Dulce Helfer

QUINTANA LUTA 15
    Tabajara Ruas

VOO SERENO NUM AZUL DO CÉU MAIS ALTO 29
    Armindo Trevisan

POEMAS 48
    Armindo Trevisan e Dulce Helfer

MARIO, A CIDADE, SEUS PERSONAGENS E AMIGOS 82

QUASE QUINTANARES 94

INFÂNCIA: A POESIA PARA CRIANÇAS E ADULTOS 104

VIDA E OBRA 114

BIBLIOGRAFIA DE MARIO 122

A Imagem Perdida

Como essas coisas que não valem nada
E parecem guardadas sem motivo
(Alguma folha seca... uma taça quebrada)
eu só tenho um valor estimativo...

Nos olhos que me querem é que eu vivo
Esta existência efêmera e encantada...
Um dia hão de extinguir-se e, então, mais nada
Refletirá meu vulto vago e esquivo...

E cerraram-se os olhos das amadas,
O meu nome fugiu de seus lábios vermelhos,
Nunca mais, de um amigo, o caloroso abraço...
E, no entanto, em meio desta longa viagem,
Muitas vezes, parei... e, nos espelhos,
Procuro em vão minha perdida imagem!

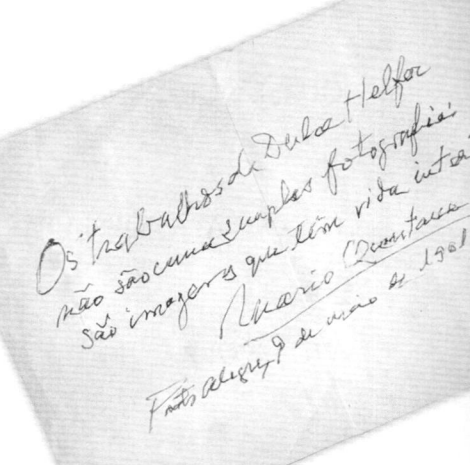

FOTOGRAFANDO O POETA

Dulce Helfer

Quando ainda rapazola, uma vidente lhe disse que aos 60 anos ficaria famoso. Mario não acreditou muito, fato que se realizou, exatamente como previsto. E quando ela lhe perguntou o que via na bola de cristal à sua frente, ele respondeu:

– Meu nariz.

Era assim o eterno menino, sem idade, como ele mesmo costumava dizer que se sentia. E foi assim que quem o conhecia o guarda na memória – um garoto levado, mas com o conhecimento de quem viveu muitas vidas, como acreditava. Seu inesgotável dom de criação foi acompanhado, até o fim, pelo único vício, que ainda mantinha: o café preto, sem açúcar. É o vício que diferencia o homem do animal, escreveu ele.

A primeira foto de Mario? Nem lembro mais. Tantas foram (algumas centenas!), que não consigo saber qual foi a primeira delas. Só sei que fui fotografando o poeta, à medida que nossa amizade crescia e evoluía para uma relação cada vez mais carinhosa. Mario, aliás, não opunha resistência à minha objetiva e nunca fez pose para mim. Nem ficava aborrecido quando o fotografava na sua privacidade, até porque nesses 10 anos em que convivemos, antes de sua morte, quase não lembrava de fotografá-lo.

Tomávamos café juntos duas ou três vezes por semana, geralmente acompanhado do *mousse* de chocolate que nos últimos anos foi seu doce predileto, deixando seus famosos quindins de lado. Revendo nossas tardes, ou noites de companheirismo, me dou conta, só agora, que via Mario como um amigo querido, sempre à espera da minha visita e menos como o grande poeta que sempre foi. Agora, após sua morte, tento eternizar sua imagem – tão viva ainda para mim – e difundir ainda mais sua poesia, que é definitiva, singular e sempre atual na literatura brasileira.

Poeminho do Contra

Todos estes que aí estão
Atravancando o meu caminho,

Eles passarão...
Eu passarinho!

(Caderno H)

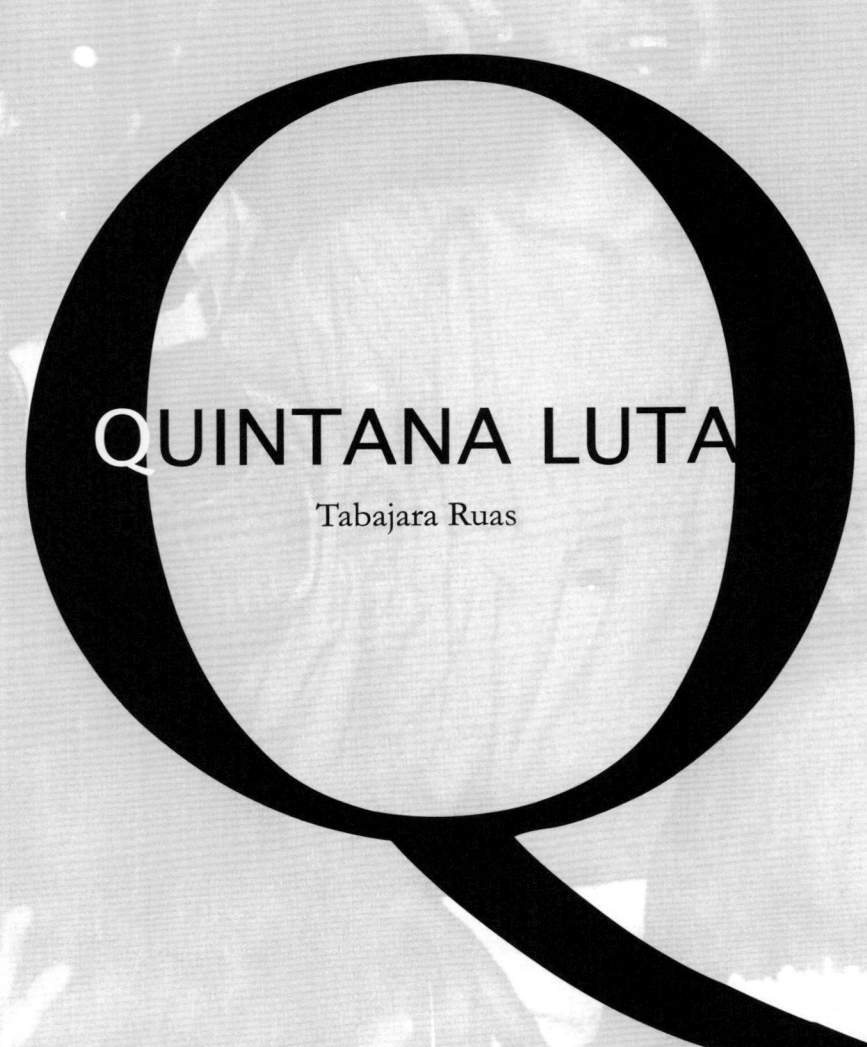

QUINTANA LUTA
Tabajara Ruas

"Prefere ser água" disse N.

"Como assim?" perguntou o Lento.

"É uma imagem, entende? Ele é cavalo no calendário chinês, leão no calendário ocidental e água no calendário asteca. Prefere ser água."

"Tolice" rosnou A., "já somos 80% água".

"É outra água" disse N, enigmático, "imaginem que ele era um *menino por trás de uma vidraça, um menino de aquário*".

Estávamos os quatro sentados naquele quarto escuro na ladeira da General Vitorino, ouvindo o relato encomendado a N. Era um inverno qualquer na década de 60, tínhamos vinte anos e éramos idólatras.

"Um menino de aquário?" insistiu Lento.

"Talvez seja a chave de tudo" disse N com misteriosa satisfação.

Nas longas tardes de sábado na cidade meridional batida pela chuva, adorávamos sucessivamente Janis Joplin, Pierrot le Fou de Godard, Buñuel, o Che, Trotsky, a Revolução, Antonioni, Pelé, o Cinema Novo, a Nouvelle Vague, Drummond. Tínhamos muitos deuses. Brecht, João Cabral, o Lawrence de David Lean, o Zampanó de Fellini, Macunaíma. Quiçá para isolar os demônios das rotinas da faculdade e da ditadura, quiçá porque de algum modo também éramos poetas, escritores, cineastas e músicos, enchíamos nossos dias com tropicalismo, Arthur Penn, Guimarães Rosa, Faulkner, Onetti, Lupicínio.

A concorrência era brava. Então, entre um panfleto e outro, entre o tédio e a esperança, apareceu *Poesias*, de Mario Quintana, aquele livro amassado com a foto de um velhote na capa. Uma semana

A farmácia do pai, Celso de Oliveira Quintana.

depois todos tínhamos lido e nos olhávamos com assombro.

"Quem é esse sujeito" disse o Lento.

"Ninguém" disse N. "Apenas um velhote simpático."

"Não pode ser apenas um velhote simpático. Nem o acento no a de Mário ele tem."

"Tem essa página no Correio, e mora no Majestic. Um Solteirão."

"O *caderno* H? Só isso?" suspeitou A. "Não pode ser. Esse sujeito está escondendo alguma coisa."

Encomendamos a N. um relatório. (Éramos exigentes com nossos deuses.)

"Nasceu e viveu até os quinze anos em um palacete vitoriano em Alegrete, que ele mesmo chamava de Solar dos Leões" continuou N.

A *casa era maior que o mundo* recitou Lento.

"Sim, mas nem tudo era medo. Teria rido muito quando soube, na escola,

Com a mãe, Virgínia, e o irmão menor, Celso.

que o bispo Sardinha foi devorado pelos Tupinambás."

"Irrelevante" – A., na pose habitual.

"No Solar eram maragatos e falavam francês nas refeições."

"Uma família de pedantes?" inquiriu A.

"Não creio. De conspiradores. Eram maragatos, subversivos, portanto, e assim a criadagem não entendia o que eles comentavam. O pai era farmacêutico, ele era o quarto filho, o caçula, e foi mandado para Porto Alegre estudar no Colégio Militar, quando fez treze anos."

"Deve ter sido um período infeliz" disse o Lento.

"Quem o conheceu se lembra dele como um garoto tímido, calado, andando pelos cantos. Era péssimo em Matemática, mas bom em Português, Francês e História."

"Tudo isso é óbvio", disse A.

"Nem tanto. Ele tinha um professor de redação, o major Ribeiro."

"E o que tinha o major Ribeiro de especial?"

"Deu ao menino sua primeira lição de estética."

"E qual foi?"

"O major Ribeiro lia apenas a primeira página das redações. Rasgava as outras."

"Curioso."

"Didático" disse N. "Os garotos eram obrigados a dizer tudo que pretendiam em trinta linhas. Primeira lição: a síntese."

"Para algo servem os milicos" comentou o Lento.

"Deixou o Colégio Militar com dezoito anos, voltou para o Alegrete e foi trabalhar na farmácia do pai. Já intuía a vocação, já escrevia seus primeiros versos. Com vinte anos torna a Porto Alegre e trabalha na Livraria do Globo durante seis meses, desempacotando livros luxuosos vindos do exterior. Talvez tenha sido seu melhor tra-

Os pais com a irmã Marieta ao centro.

balho. Chegou a ganhar um concurso de contos no *Diário de Notícias*. Então, morreu sua mãe."

"Isso é relevante?" perguntou A.

N. ergueu os olhos e não respondeu.

"No ano seguinte morreu o pai. Com vinte e um anos era órfão, não tinha um tostão nem profissão definida. Só sabia escrever. Deixa Alegrete mais uma vez rumo a Porto Alegre. Consegue trabalho no jornal dos maragatos, o *Estado do Rio Grande*, dirigido por Raul Pilla. Aqui, começa, talvez, verdadeiramente, sua carreira intelectual. Faz amigos jornalistas, escritores, pintores, boêmios. Andam em bandos noturnos, de paletó e gravata, chapéu palhinha, cheios de leituras e anotações, tinham lá seus deuses: D'Annunzio, Laforgue, Maeterlinck, Huysmans, Antônio Nobre, Cesário Verde. Então vem a Revolução de 30 e ele fez o que todo jovem de vinte e quatro anos, poeta e sem compromissos, faria: alistou-se como voluntário. Era um membro não convincente do Sétimo Batalhão de Caçadores de Porto Alegre. Ficou no Rio durante seis meses e a experiência não foi muito rica: serviu policiando o Mangue, zona de prostituição. Deve ter se sentido estranho, de farda, olhando as prostitutas. Deve ter, então (é possível), pensado no significado da palavra *humildade*. Em 1931 voltou a Porto Alegre e à redação de *O Estado do Rio Grande*. Não tinha casa, morava em pensões. Uma sala de redação era o lugar onde se sentia melhor, depois dos bares e dos cafés. Os bares e os cafés estavam cheios de vida, como sempre estiveram, em toda a parte, e as mesas eram de mármore. Podia escrever seus versos a lápis, o pano úmido de um garçom os apagava com alegre indiferença. Mas um ano depois estava desempregado. O *Estado do Rio Grande* apoiou o levante da oligarquia paulista contra o governo Vargas e Flores da Cunha, interventor no estado, fecha o jornal. Sem recursos, com vinte e seis anos, deve ter começado a pensar seriamente em como ganhar a vida. Foi aí que iniciou uma parte decisiva

"Olho em redor do bar em que escrevo estas linhas. Aquele homem ali no balcão, caninha após caninha, nem desconfia que se acha conosco desde o início das eras. Pensa que está somente afogando os problemas dele, João Silva... Ele está é bebendo a milenar inquietação do mundo!"

na sua carreira de intelectual: por uns trocados, traduziu *Palavras e Sangue,* de Giovanni Papini, para a Editora Globo. Mas os tempos eram duros, o dinheiro curto, as oportunidades escassas e o amigo Augusto Meyer chamou-o para o Rio, onde era diretor da Biblioteca Nacional. Lá conheceu Cecília."

"Ah, aquela a quem seguiam os versos ondulantes como dóceis panteras" recitou A.

"Conheceu Cecília Meireles" continuou N., "mas ela era casada".

"E isso importa?" objetou o Lento.

"Claro. Ela era uma dama. Uma poeta famosa e verdadeira, uma das maiores da língua, e ele um sujeito de trinta anos, sem nada a não ser a roupa do corpo e alguns versos escritos nos bares noturnos, e que escondia quase com pavor."

"Então foi um amor impossível" disse o Lento.

"Foi. Um Clichê perfeito" respondeu A.

"A situação era intolerável" observou N.

"E ele preferiu o exílio no sul" completou A.

"Demasiado dramático" disse A.

"Talvez" tornou N., "pode-se preferir a versão de que ele não se adaptou ou que se deu mal nos empregos, mas o fato é que ele voltou outra vez para a cidade chuvosa e úmida."

"Érico."

"Sim. Érico. Mandou um bilhete para Érico, que respondeu com outro: 'Podes vir, mermão'."

"O Érico é grande" disse o Lento.

"Bem, bem... Foi trabalhar na Editora Globo, e aí tornou-se de fato um tradutor. Durante vinte anos, de 35 a 55, traduziu em torno de cem livros. Traduziu Virgínia Woolf, Joseph Conrad, Maupassant, Huxley, Balzac, Voltaire, Greene, Gide, Maurois, Maugham, Merimée e, naturalmente, Proust, deixando um legado cultural permanente para o país, um legado que não tem preço nem paralelo."

"E ele é esse pobretão que vive no Majestic?" espantou-se Lento.

"Assim são as coisas."

"Mas no final da década de trinta, quando ainda se vestia com elegância e trocava confidências nos cafés, os amigos começaram a apertar o cerco. Era hora de publicar. Os amigos: Érico, Athos Damasceno Ferreira, Reynaldo Moura, Moysés Vellinho, Augusto Meyer, Luiz Vergara, Herbert Caro, Leonel Vallandro, José Lewgoy, Darcy Azambuja, tantos e tantos que labutavam na editora, como tradutores ou redatores na *Revista do Globo*. O modernismo era moda nesse tempo; todo mundo fazia versos livres e se considerava vanguardista. Por

> "Quando pouso os óculos sobre a mesa para uma pausa na leitura de coisas feitas, ou na feitura de minhas próprias coisas, surpreendo-me a indagar com que se parecem os óculos sobre a mesa. Com algum inseto de grandes olhos e negras e longas pernas ou antenas? Com algum ciclista tombado?"

uma ponta de orgulho, por implicância, ou por que ele era assim mesmo, reuniu os versos sob o título de *A Rua dos Cataventos* e mostrou aos amigos o que pretendia publicar: sonetos. Sonetos em plena era do modernismo, dos versos livres, da fúria vanguardista."

"Começo a gostar do velhote" disse o Lento.

"Calma. É claro que a crítica não entendeu aquilo como uma provocação espirituosa. Acharam que o sujeito era mesmo voltado para o passado, que o negócio dele eram sonetos e rimas; botaram um carimbo em cima como ultrapassado e o esqueceram. Ele tinha trinta e quatro anos e versos belíssimos nas gavetas dos quartos das obscuras pensões onde morava. Mas o livro que publicou a seguir foi outra provocação. Publicou um livro infantil, *O Batalhão das Letras*.

"Qual era a dele, ser diferente?" perguntou o Lento.

"Quem sabe? O certo é que sua carreira literária empacou, a crítica taxou-o definitivamente de autor menor e sua vida confinou-se ao *aquário* de tradutores da Globo, onde lutava diariamente com as palavras. Nessa época começa a se afastar cada vez mais dos amigos. Lembrem, ele já era taciturno e distante. Começa a ficar cada vez mais solitário: um homem jovem, de roupas severas, andando nas ruas da cidade com ar distraído, olhando as pessoas e as nuvens. A noite começa a ser seu *habitat* preferido. Agora bebe pouco nos alegres cafés da confraria. Busca bares distantes, frequentados por qualquer tipo de gente que não fosse intelectual, onde senta até a madrugada, bebendo vagaroso seu conhaque".

"O que buscava ele?" perguntou Lento.

"Talvez se sentisse mesmo um injustiçado, um deserdado da crítica" aventurou A.

"Não, ele não daria importância a algo tão pequeno. Ele buscava alguma coisa na noite. Ele caçava. E enquanto isso, escrevia. Enquanto olhava os bebedores noturnos, enquanto os observava fumando em silêncio ou em grupos ruidosos, vivendo suas precárias vidas, escrevia. Por essa

Um dia... pronto!... me acabo.
Pois seja o que tem de ser.
Morrer que me importa?...
O diabo
    É deixar de viver!

(Espelho Mágico / CX. Da Morte)

época, 1945, na véspera de fazer quarenta anos, publica o primeiro *Caderno H*, no número 1 da revista *Província de São Pedro*, editada pela Globo. Aos 40 anos publica *Canções*, esse livro belíssimo. Os amigos se assombram. Mario é aquele misterioso homem ainda jovem, de profundos olhos azuis no rosto pálido cortado pela boca expressiva, enrolado no gabardine, atravessando a cidade submersa na neblina, escutando os próprios passos ressoarem no silêncio da madrugada. Mario é aquele talento extraordinário que anda só pelas noites, bebendo enlouquecidamente. Os amigos estremecem."

"Seria a paixão por Cecília?" perguntou A.

"Mario era sensível demais para constranger Cecília com esse tipo de comportamento. Ele buscava outra coisa. Sentado longamente no bar sórdido olhando as prostitutas e os marinheiros, ele buscava algo, algo obscuro, algo que sua intuição mandava buscar."

"Quando se deu conta que caçava o Anjo?"

"Quem pode saber? Talvez quando viu a prostituta apoiada na parede da esquina da Sete de Setembro com a Caldas Júnior, quando chegou bem perto dela, quando viu seus olhos. Ela poderia ser um anjo, ou o Anjo. Mas não, era apenas uma mulher encostada à parede. Só que, agora, tinha esta certeza: buscava um habitante da noite. Seu território era limitado num extremo pela Livraria do Globo, na Rua da Praia, no outro pelo Hotel Majestic, e compreendia o porto com seus navios escuros e os guindastes, o Mercado Público com seus bares e restaurantes, o *Correio do Povo*, o prédio dos Correios, toda a Praça da Alfândega, com os cinemas e os cafés em frente. Esse era o cenário da caçada, e seria o do encontro e o da luta. Começou a procurar quase sem se dar conta, no fim das tardes, depois de chavear o maço de papéis na gaveta da escrivaninha, depois de se despedir dos camaradas, após vagar por alguns cafés do Centro, encontrar um conhecido, conversar em pé na

> "Porque o reino do poeta... bem, não me venham dizer que não é deste mundo. Este e o outro mundo, o poeta não os delimita: unifica-os. O reino do poeta é uma espécie de Reino Unido do Céu e da Terra."

calçada, comentando os jornais do dia, a última piada, a inevitável pergunta, estás escrevendo algo. Claro que estava escrevendo algo. Sempre estava escrevendo algo. Definitivamente sempre estava escrevendo algo. Não sabia por quê. Era um dom. Mas ele precisava domar esse dom. Mergulhar profundamente onde quer que fosse em busca de algo que justificasse e dignificasse esse dom. Não buscava a pureza porque não há poeta puro. Buscava algo. No princípio buscava um rosto. Num bar da Borges, embaixo do viaduto, havia aquele velho gordo, com um olho furado, de onde manava uma pestilência amarela. O velho o encarava com o olho bom, arfando no meio da sua gordura. Os dois se olhavam longamente, então Mario desviava os olhos e seguia em frente. Havia o mulato no fundo do bar do Mercado Público que olhava para as mãos durante horas, numa concentração obsessiva. E depois subitamente erguia os olhos para ele. Havia o palhaço na praça, que sempre se calava quando ele passava. À medida que a noite avançava, ia encontrando os seres mais solitários e perdidos da cidade. Encontrava a menina de doze anos, descalça, com uma flor na mão. Encontrava o brigadiano de olhar duro. Encontrava o travesti. O engraxate. O vendedor de cachorro-quente.

"...na verdade esta vida só tem dois encantos: o previsto e o imprevisto."

Depois que os cinemas despejavam suas multidões, depois que a praça ia ficando silenciosa, começavam a chegar os verdadeiros habitantes noturnos. O Alemão de horríveis pés disformes, com uma língua obscena, que se divertia mostrando-a para as pessoas. As prostitutas. Os gigolôs. A mulher que vivia entre os latões de lixo, na esquina do quiosque, e que dormia enroscada com os cães. O negro sem as duas pernas que se locomovia sobre uma caixa de madeira, tocando uma gaita de boca e produzindo uma música tão fina e frágil que se misturava às gargalhadas dos bêbados como os "cri-cris" dos grilos da infância de Alegrete. Descia a Rua da Praia às duas da manhã em passos absortos e mergulhava na floresta de sombras da Praça da Alfândega, onde era cercado por sussurros, gemidos, choros e imprecações em voz baixa.

Escutava os pesadelos dos meninos que dormiam amontoados nas escadarias do Museu. Escutava o homem ajoelhado que rezava sem parar uma ladainha densa e molhada de pavor e quando se aproximava do Mercado Público, das luzes, vozes, chei-

Mario, por ocasião da recepção do título de Doutor *Honoris Causa* da Pontifícia Universidade Católica do Rio Grande do Sul

ros e gritos que o Mercado produzia na madrugada, estava já encharcado pela água do desespero e da agonia, da solidão e da pobreza. Bebia seu conhaque solitário, vendo os escarros no piso com serragem e nele a mulher que se arrastava, como se estivesse ferida ou mutilada. Bebia silencioso, atravessado pela dor que manava da madrugada como água turva, enquanto seus olhos buscavam o Rosto. Todos aqueles rostos. Por eles passaria a violência e a crueldade. Seriam chutados pelas botas dos guardiões da lei, queimados com cigarros nas prisões, esfaqueados, marcados, incendiados vivos enquanto dormiam. Como a poesia teria significado nesse mundo? Ele buscou essa resposta madrugada após madrugada, estação após estação, nos verões escaldantes, o suor escorrendo nos corpos *(A Esfinge mia como uma gata./ E seu grito agudo agita a insônia dos adolescentes pálidos,/ o sono febril das virgens nos seus leitos.)* e nos invernos gelados *(A noite negra, demoradamente / Aperta o mundo entre seus joelhos.)* e nas primaveras e nos outonos e durante anos e anos iguais e intermináveis, nas manhãs em que acordou com a cabeça apoiada na sarjeta, a camisa suja, a boca amarga. Não encontrava o Anjo. Já tinham passado dez anos. Mas ele continuou. Bebeu ainda mais, caminhou ainda mais, buscou ainda mais, as rugas apareceram, o cabelo foi ficando branco, mas seus olhos azuis buscavam determinados. A revelação surgiu, talvez, *no silêncio terrível do Cosmos*, quando compreendeu seu orgulho. Quando olhou as estrelas e elas *não formavam nenhum nome*. Percebeu que estava deixando de escrever. Percebeu, quem sabe, numa madrugada fria, olhando os navios no porto, que se aproximava da degradação, quando o que buscava era a humildade. Toda poesia é humilde. 'Descansou o rosto na pedra e adormeceu pacificado'."

"E isso é tudo?"

"Quase tudo. Parou de beber, outra luta sem quartel, com internações em clínicas e coisas do gênero. Comentou sua vitória com distância e ironia, como convém*: Eu não bebia, apenas tomei um porre que durou vinte e cinco anos.*"

"Vamos conhecer o homem" disse A.

Assim, os quatro rapazes que amavam os Beatles e os Rolling Stones, naquela distante tarde dos anos 60, entraram atemorizados na redação tumultuosa e lá estava o homem, na mesa diante da janela, o cigarro fumegando nos dedos nodosos, olhando os jacarandás sobre a praça. Não falaram com ele. Alguma coisa os inibiu. Ficaram ali, parados como quatro idiotas, olhando o homem silencioso. (Nunca falei com Mario Quintana, embora sempre estivesse por perto. Bastavam-me seus livros. Quintana tinha conquistado a humildade e estava pronto para receber as dádivas da luta. Teve fama, prestígio, pequenos fracassos – essa história de Academia –, amigos fiéis, uma sobrinha amorosa que o acompanhou na velhice pobre – quase paupérrima, embora tenha trabalhado durante todos os dias de sua vida adulta até a véspera da morte. Nós, porto-alegrenses contemporâneos de seus derradeiros anos, nos acostumamos com a imagem pública formada pela mídia, do velhinho risonho e sarcástico, capaz de tiradas finas e inesperadas, que todos acompanhavam com

A preguiça é a mãe do progresso. Se o homem não tivesse preguiça de caminhar, não teria inventado a roda.

(Da Preguiça como Método de Trabalho /Caderno H)

sorrisos e deslumbramento. Mas é no futuro que o verão como ele realmente foi, quando se esfumar a imagem do velho bonzinho. No ano 2050 ou 2576 ou 3001, a bordo de uma nave espacial se aproximando de Vênus, o leitor do futuro terá apenas os poemas (*um gole d'água bebido no escuro*) e então há de imaginar o autor segundo a medida dos seus versos, e verá – deverá ver – um ser magnificamente solitário, radical na sua aventura, desatinado na sua busca, um jovem misterioso de olhos azuis e longos cabelos escuros, andando na cidade úmida. Foi assim que nós o vimos naquela tarde dos anos 60, diante da janela sobre a praça, o cigarro queimando na mão, profundamente concentrado em ver o dia exato alinhando seus cubos de vidro.)

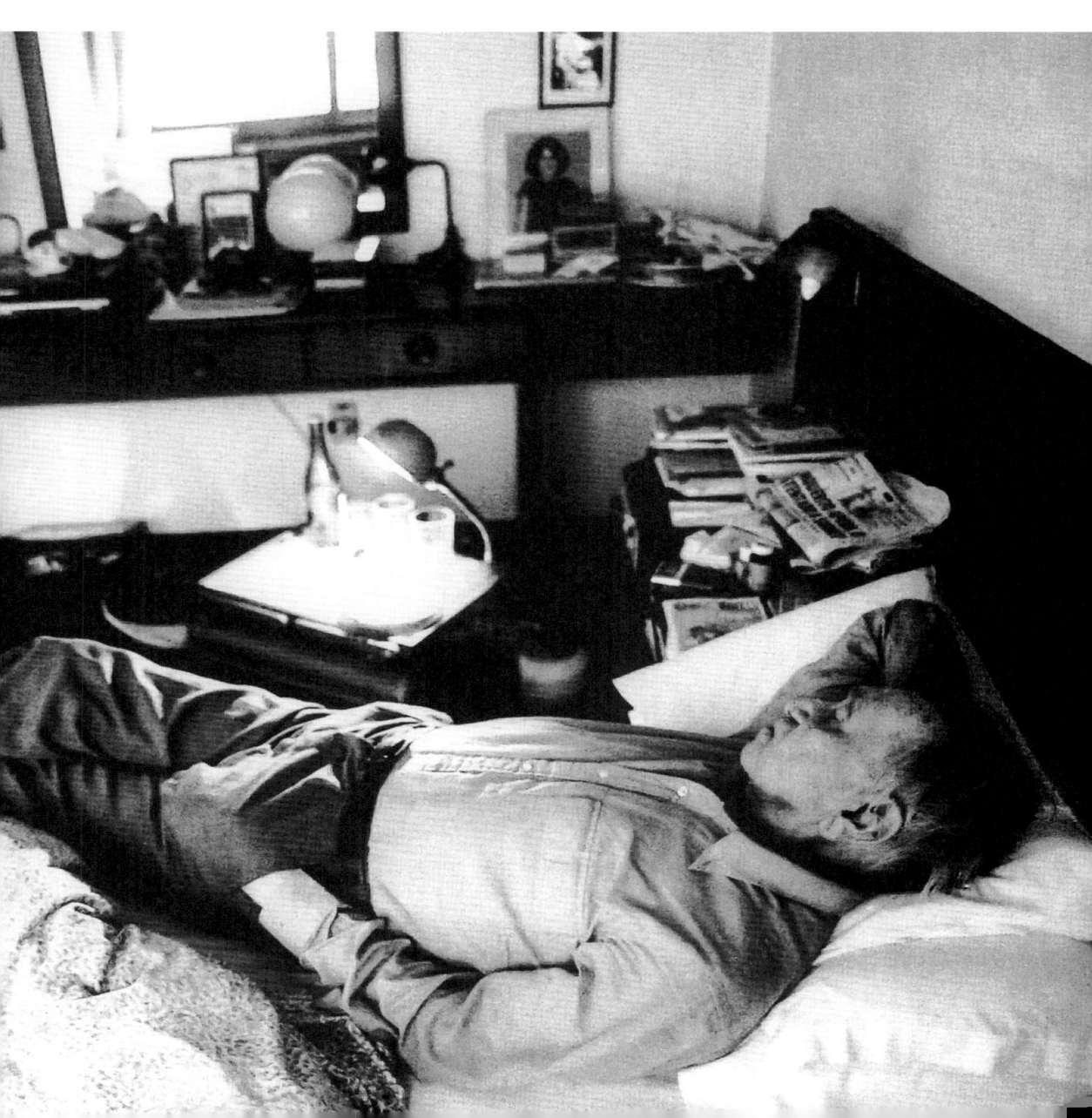

M

VOO SERENO NUM AZUL DO CÉU MAIS ALTO

Armindo Trevisan

A poesia de Mario Quintana impressiona, em primeiro lugar, por sua humildade – palavra que deriva remotamente de *húmus*. Humilde é quem tem os pés sobre a terra. Ora, o poeta, que a legenda tornou aéreo, nunca foi desligado da realidade. Possuía o dom de ser, a um tempo, uma espécie de anjo, e uma espécie de mineiro engolfado na sua mina, preocupado em revolver-lhe o pó e o ouro.

Comecemos por seu intimismo. O eu do poeta está sempre em numerosas peças. Mas o "Anjo da Guarda", a que se refere, não será a figuração da consciência, do outro eu, o que nos olha de fora? Eventualmente do eu social: "Mas entendem-me o Céu e as criancinhas. / E ao ver-me assim num poste as andorinhas:/ Olha! É o idiota desta aldeia! dizem". Sim, o idiota da aldeia não é o indivíduo menos atento à aldeia. Poesia é "infância reencontrada" no dizer de Baudelaire. Não é possível reencontrá-la sem passar, ao menos superficialmente, pela loucura. Não existe loucura superficial.

O cotidiano é a gleba do poeta: "Dorme, ruazinha... É tudo escuro..." Ou: "Rechinam meus sapatos rua em fora". Também: "E dançamos de roda ao luar amigo/ Na pequenina rua em que vivi". Quem se dará ao trabalho de fazer o inventário das ruas na obra do poeta? Por que a rua é a casa de todos, o lugar onde se apagam as distinções, as idiossincrasias e a humanidade se dá encontro no unânime: "Pra que viver assim num outro plano?/ Entremos no bulício cotidiano.../O ritmo da rua nos convida". Além da rua, o bar: "... é bom ficar/ Aqui, bebendo um chope no meu bar..." Aliás o poeta declara: "Entre os loucos, os mortos e as crianças./ É lá que eu canto, numa eterna ronda,/ Nossos comuns desejos e esperanças!..." A comunidade nasce em casa, mas revela-se na rua.

A ternura de Quintana! Num dos momentos em que tira o véu, o poeta exclama: "Oh! Toda esta minha ternura inútil, desaproveitada!..." Ternura que se estende aos objetos, assim ditos, insignificantes: sapatos, guarda-chuvas, espirais de cigarro, fivelas, bolsas de água quente, lenços, cartazes, a avozinha Garoa, a igrejinha de uma torre só. E o céu, pelo amor de Deus: "Eu olho é o céu! imensamente perto, / o céu que me descansa como um seio".

A tristeza e a morte comparecem com uma discrição que lhes dá dignidade. O operário triste é o poeta? "Eu faço versos como os saltimbancos/ Desconjuntam os ossos doloridos". A morte, diz-nos, nasceu quando o poeta nasceu. Não obstante, Quintana empenha-se por atenuar esse lado opaco da vida; daí os diminutivos que salpicam *A Rua dos Cataventos* e outros livros. Recorre à música, que o torna, com Cecília Meireles, um dos poetas mais melodiosos da língua: "Em cima do meu telhado,/ Pirulin, lulin, lulin,/ Um anjo, todo molhado,/Soluça no seu flautim". O ludismo serve para enfeitiçar os monstros. Alan Watts, o famoso "profeta dos hippies", escreveu um livro – *Nonsense* – onde se encontram poemas como este: "Clymilily, ciumilily zouk / lepsible, lepsible, looc/ tingansile, gansile, gansile, sumjo/ dojo, banjula bitk". Nesse conjunto de letras não existe qualquer significado. "Mas assim mesmo", afirma o filósofo-poeta, "é belo como a vida..." Críticos severos querem ver, no ludismo do poeta, a influência (ou confluência, como propõe o poeta) simbolista: "Nisto, um rumor de rodas em carreira.../ Clarins ao longe... (É o Rei que anda buscando/ O pezinho da Gata Borralheira!)". Fixemo-nos nesta estrofe: "Ó silêncio de quando, em alto mar,/ Pálida, vaga aparição lunar,/ Como um sonho vem vindo essa Fragata..." Analisando a imagética de Quintana, registramos uma predominância de

metáforas cromáticas (com predileção pelo azul, amarelo, cinza, roxo, negro e dourado); de metáforas musicais: "a baladilha ingênua das goteiras", "o outono toca realejo", "o ruído arrastado das correntes no algibe", finalmente de metáforas marítimas: "Velas paradas", "a rosa louca dos ventos", "cadáveres floridos de algas e espumas". Mas surgem, igualmente: "a borboleta morta", "cortinas de tule", "trepadeiras trêmulas", "vassouras de feiticeiras", o "baú do morto", móveis biombos do tempo ... E os sapatos? ... eles sonham, imóveis, deslumbrados,/ Que são dois velhos barcos, encalhados/ Sobre a margem tranquila de um açude". O poeta valoriza aliterações e onomatopeias: "Dédalo de dedos"; "Coaxa o sapo. E como coaxa!". Ainda: "Cricrila o Grilo. Que frio!/ A estrelinha pula, pula". Sem
dúvida, o espírito de infância inspira o ritmo, fundamental em poesia. Maiakovski escreveu: "Assim se desbasta e se forma o ritmo, base de todo trabalho poético e que passa por ele numa zoada. Pouco a pouco, você começa a destacar desta zoada palavras isoladas. (...) O ritmo pode ser trazido pelo ruído do mar, que se repete, pela empregada que todas as manhãs bate à porta e, repetindo-se, arrasta os pés em minha consciência, e até pelo girar da terra, que em mim, como numa loja de apetrechos didáticos, alterna-se caricatural e se relaciona obrigatoriamente com o assobiar de um vento artificial."

Se o leitor deseja espécimes de poesia simbolista universal, leia: "Primavera", "Canção de Primavera", "Naturezas Mortas", "In Memoriam" (magnífico poema elegíaco dedicado a Cecília Meireles). É preciso compreender que não é sempre que um poeta consegue desentranhar, da fala machucada e até apodrecida, do diário de nossas mazelas, uma joia de sensibilidade como: "É quando/ A tarde é uma pantera atrás das venezianas/ E a mão desnuda o seio..." Podemos ainda maravilhar-nos com um poema tão simples como "Naturezas Mortas": "Havia talhadas de melancias rindo.../ E os difíceis abacaxis: por fora uma hispidez de bicho insociável;/ Por dentro, uma ácida doçura.../ Morno veludo de pêssegos.../ Frescor saudoso de amoras.../ E, a mais agreste e dócil das criaturinhas,/ Cada

pitanga desmanchava-se como um beijo vermelho na boca".

Quem, de súbito, tira da cartola do idioma "hispidez de bicho insociável" pode ser chamado de mágico.

Dentro os poucos e autênticos surrealistas que o Brasil produziu, Mario Quintana, juntamente com Murilo Mendes, é o mais notável. Que é o Surrealismo? Franco Fortini tenta defini-lo: 1. a intenção de exprimir em formas, quanto possível não premeditadas, aquela parte do homem a que a psicologia moderna e a psicanálise chamam de inconsciente; 2. uma tensão entre a ordem discursivo-racional e o universo do arbítrio, do desejo e do sonho; 3. a promoção de uma humanidade na qual já não se distinga entre razão e desejo, prazer e trabalho; 4. uma paixão negativa, de destruição, de recusa de quanto entrava a integral apropriação do homem do seu próprio mundo e do mundo que o circunda; 5. a reversibilidade da ética e da política. Isso seria o surrealismo "em estado puro"; o de Mario Quintana é uma de suas possíveis formas. Pensamos não violentar as coisas ao pretender que o surrealismo de Quintana se distingue por um dos aspectos mais essenciais do movimento: o humor. Este pressupõe dois componentes: a fantasia em estado puro, a invenção onírica; e a denúncia, ou provocação ética, na medida em que o produto imaginativo se converte em objeção ao comportamento "alienado". Bergson observou com profundidade: "O humorista é (...) um moralista que se disfarça em cientista, algo assim como um anatomista que só fizesse dissecação para nos causar repugnância; o humor, no sentido estrito em que usamos o termo, é uma transposição do moral em científico". Pois bem, o surrealismo de Quintana, com a sutileza de que se reveste, é de ordem moral. Todo ele contestação, com frequência contestação abstrata, intelectual. Leiam-se os seguintes exemplos: "Ninguém foi ver se era eu ou se não era", "Da vez primeira em que me assassinaram", "O Estranho Caso de Mister Wong", "Gare", "Tableau", "Segundo Poema de Muito Longe", "Aventura no Parque", "A Noite", e de "De Gramática e de Linguagem". O mais natural, porém, em Quintana, é o humor-denúncia, que investe contra o quadradismo das convenções, sobretudo o quadradismo da vida, aquilo que, no entender do mesmo Bergson, se torna risível por se opor à vida. No exercício desse humor, o poeta chega a empregar o pé de cabra da irreverência, como quando fala do Anjo Malaquias: "Dada, porém, a urgência da operação, as asinhas brotaram-lhe apressadamente da bunda, em vez de ser um pouco mais acima, atrás dos ombros. "Quem não conhece "Velha História", que começa: "Era uma vez um homem que estava pescando, Maria. Até que apanhou um peixinho!?"

Que ninguém se deixe levar pela leveza da poesia de Quintana! Ela é leve, sim, mas como o ar que vivifica (ou envenena). Diríamos: existe um peso metafísico no aparente alumínio verbal de Quintana! Semelhante dimensão emerge em *O Aprendiz de Feiticeiro*, em *Novos Poemas*, e nas suas últimas obras. Pela sua popularidade, o poeta transformou-se numa espécie de objeto folclórico do Rio Grande, num de seus mais simpáticos mitos. Merecidamente. Mas Quintana foi também um poeta excepcional: "Porque todas as coisas que estavam dentro do balão azul daquela hora / Eram curiosas e ingênuas como a flor que nascia / E cheias do tímido encantamento de se encontrarem juntas / Olhando-se..." Como não espantar-se diante do poema: "Canção de Primavera?" Aquele final: "Um azul do céu mais alto, / Do vento a canção mais pura / E agora... este sobressalto.../ Esta nova criatura!", que possui qualquer coisa de litúrgico, um gosto de antífona cristã arcaica. Impossível não comover-se com "Alegria": "Não essa alegria fácil dos cabritos montesses / Nem a dos piões regirando / Mas / Uma alegria sem guizos nem panderetas.../ Essa a que eu queria: / A imortal, a serena alegria que fulge no olhar dos santos / Ante a presença luminosa da morte!".

Não é temerário afirmar que só Cabral de Melo Neto e Quintana são capazes de ombrear com Drummond na descrição do ofício poético. Vejamos: "Sua firme elegância. / Sua força contida. / O poeta da ode / É um cavalo de circo. / Em severa medida / Bate o ritmo dos cascos. / De momento a momento / Impacto implacável, / Tomba o acento na sílaba. / Dura a crina de bronze. / Rijo o pescoço alto. / Quem lhe sabe da tensa / Fúria do sagrado / Ímpeto de voo? Nobre animal, o poeta." Há outro poema, no mesmo estilo, de soberba força metafísica: "Um poema como um gole d'água bebido no escuro. / Como um pobre animal palpitando ferido. / Como pequenina moeda de prata perdida para sempre na floresta noturna. / Um poema sem outra angústia que a sua misteriosa condição de poema. / Triste. / Solitário./ Único. / Ferido de mortal beleza."

O ano de 1976 constitui um marco para o destino literário de Quintana. É quando consolida sua reputação nacional com o lançamento de *Apontamentos de História Sobrenatural*, a que se seguiram três obras nas quais brilha a sua perícia artesanal e se expande a sua cosmovisão: *Esconderijos do Tempo* (1980), *Baú de Espantos* (1986) e *Velório sem Defunto* (1990). O primeiro dos livros lhe trouxe, pela primeira vez, honrarias: o "Prêmio Pen Clube de Poesia Brasileira"; logo depois, com a publicação de *Esconderijos do Tempo* obteve uma distinção de maior alcance, o Prêmio Machado de Assis, da Academia Brasileira de Letras, pelo conjunto de sua obra. Em 1982, Quintana foi agraciado com o título de "Doutor Honoris Causa", concedido pela Universidade Federal do Rio Grande do Sul.

Apontamentos de História Sobrenatural deve ser considerado um acontecimento literário. Nessa obra desponta um Quintana diferente, quase chinês. Podemos identificar o lado oriental do poeta em poemas como o da página 4 (sem título), e o poema

da página 30, que principia assim: "O grilo procura / no escuro / o mais puro diamante perdido". Não se trata de algo relacionado com a letra da sensibilidade oriental, mas com seu espírito. Assinalem-se nessa coletânea dois aspectos: a metafísica do instante e a obsessão pelo mistério. Quintana ilustra as reflexões de Gaston Bachelard sobre a instantaneidade da imagem poética: "Uma imagem, às vezes muito singular, pode aparecer como uma concentração de todo o psiquismo". A imagem, continua ainda Bachelard, vem antes que o pensamento. Cita J.B. Pontalis: "O sujeito que fala é todo o sujeito". Nos *Apontamentos* Quintana aborda, justamente, o problema do tempo, título de um de seus poemas, cujos versos iniciais são: "O despertador é um objeto abjeto. / Nele mora o Tempo". Para Quintana, ao menos aqui, o passado vincula-se a uma catarse: "Por supremo pudor, despe-te, despe-te, quanto mais nu mais tu, / Despoja-te mais e mais. / Até a invisibilidade". Tal concepção reafirma-se em "Retrato": "Sua voz grave e trêmula tinha o som do tempo/ e nós sempre nos espantávamos de a estar ouvindo/ porque era como se alguém tangesse o silêncio". Em nenhum outro poema resplende, com maior ênfase, do que no "Pequeno Poema Didático": "Todos os poemas são um mesmo poema,/ Todos os porres são o mesmo porre./ Não é de uma só vez que se morre.../ Todas as horas são horas extremas". O segundo aspecto, a obsessão pelo mistério, emerge na contiguidade da vida, com a vida e a morte: "A vida é tão bela que chega a dar medo./ Não o medo que paralisa e gela, / estátua súbita,/mas esse medo fascinante e fremente de curiosidade que faz/ o jovem felino seguir para a frente  farejando o vento/ ao sair, a primeira vez, da gruta./Medo que ofusca: luz!" O final do poema é cintilante: "Adolescente, olha! A vida é nova.../ A vida é nova e anda nua/ – vestida apenas com teu desejo!" Mais adiante aparece o reverso da moeda: "Sim, tu estás, agora, na reta horizontalidade da morte./ A morte odeia curvas, a morte é reta/ como uma boca fechada."

Deve-se ler "Morituro", um dos mais comoventes poemas do livro, e "A Grande Enchente", com o surpreendente grito maiakovskiano: "É preciso, é preciso, é preciso continuarmos juntos!". Ler também: "A Primeira Aventura", e sua conclusão: "... um anjo tão esplendente/ que a própria luz o cegava"! De todos os poemas sobre a morte, o mais dolorosamente encantador parece-nos "Pedra Rolada": "Esta pedra que apanhaste acaso à beira do caminho/ – tão lisa de tanto rolar – / é macia como um animal que se finge de morto". Prossegue o poeta: "Mortos?! Basta-lhes ter vivido/ um pouco, para jamais poderem estar mortos/ – e esta pedra pertence ainda ao universo deles. / Deposita-a / cuidadosamente / no chão.../ Esta pedra está viva!" Ninguém no Brasil, salvo Manuel Bandeira, escreveu uma homenagem tão enternecida aos mortos.

Existe, por outro lado, nos *Apontamentos* algo difícil de ser caracterizado por implicar, talvez, a essência da quintaneidade: uma pseudofamiliaridade com o opaco, uma bizarra sensação de desincorporação, algo como uma estridência dentro do mais absoluto silêncio. Irrompe em poemas como "S.O.S. em Babilônia" e de forma típica em "O Espelho": "E como eu passasse por diante do espelho, não vi meu quarto com as suas estantes/ nem este meu rosto, onde escorre o tempo". A conclusão é de singular finura: "O relógio marcava a hora/ mas não dizia o dia. O Tempo,/desconcertado,/ estava parado/ em cima do telhado.../ como um catavento que perdeu as asas!" A quintaneidade torna a reaparecer, abrupta, em o "O Autorretrato": "No retrato que me faço/ – traço a traço – / às vezes me pinto nuvem, / às vezes me pinto árvore.../ (...) / e, desta lida, em que busco/ – pouco a pouco – / minha eterna semelhança, / no final, que restará?/ Um desenho de criança.../ Terminado por um louco". Quintânico é o seguinte trecho: "Olho as minhas mãos: elas só não são estranhas/ Porque são minhas. Mas é tão esquisito distendê-las/ Assim, lentamente, como essas anêmonas do fundo do mar..." O remate possui sabor heideggeriano (ou buberiano): "Quem urde eternamente a trama de tão velhos sonhos? / Quem faz – em mim – esta interrogação?" A Carta Magna do quintanismo se condensa num único verso: "Os meus poemas é que são os meus sentidos". Em determinadas passagens tal aspecto coincide com um esboço de inquietação e esperança religiosa, pela primeira vez delineadas na sua obra: "Mario, larga de ti esses berloques/ e bandeirolas multicoloridas,/ rasga essa fantasia.../ e vem lançar teu uivo solitário/ às estrelas, acesas e perdidas/ por todo esse negror em que, perdidas,/ vivem sonhando aonde irão.../ e um dia... pode ser que Deus... então/ te mostre a verdadeira luz – a Luz Primeira!". O "Ovo Sapiens" repropõe a mesma busca: "Na sua cabeça está o universo/ – aprisionado – / tal como estava dentro da mão de Deus/ antes que seus dedos se abrissem na infinita distensibilidade da Criação./ O homem tem a pobre, a estreita cabeça/ fechada.../ (Porém não para sempre, meu Deus... Não para sempre!)". Finalmente: "Eu sou aquele", e "O Deus Vivo", onde o poeta revela, com corrosiva concisão, a sua sede de água viva: "Deus não está no céu. Deus está no fundo do poço/ onde o deixaram tombar". Recusa-se a admitir uma imagem divina feita à nossa imagem e semelhança. Esboça à sua maneira uma teologia negativa: "Deus está no inferno.../ É preciso que lhe emprestemos todas as nossas forças / todo o nosso alento/ para trazê-lo ao menos à face da terra/ E sentá-lo depois à nossa mesa/ e dar-lhe do nosso pão e do nosso vinho./ E não deixar que de novo se perca./ Que de novo se perca... nem que seja no céu!". É possível que a expressão mais viva do estado de ânimo do poeta esteja cristalizada em "Depois do Fim", de ressonâncias apocalípticas: "Brotou uma flor dentro de uma caveira./ Brotou um riso em meio a um *De Profundis*./ Mas o riso era infantil e irresistível,/ As pétalas de flor irresistivelmente azuis.../ Um cavalo pastava junto a uma coluna/ Que agora apenas sustentava o céu./ A missa era campal: o vendável dos cânticos/ Curvava como um trigal a cabeça dos fiéis/ já não se viam mais os pássaros mecânicos./ Tudo já era findo sobre o velho mundo./ Diziam que uma guerra simplificara tudo./ Ficou, porém, a prece, um grito último de esperança.../Subia, às vezes, no ar aquele riso inexplicável de criança/ E sempre havia alguém reinventando amor."

Quando se trata de Mario Quintana, torna-se razoável – e até necessário – aplicar-se-lhe a observação de H. Wolfflin sobre o Barroco: "Não só se vê de outra maneira: veem-se outras coisas". É por isso que o hábito de se considerar Quintana um poeta fácil e cristalino não permitiu, às vezes, descobrir o Quintana histórico, mergulhado na dor, na alegria e na agitação geral dos seres vivos. Em *Esconderijos do Tempo* aparece, indisfarçável, essa faceta. O tempo abstrato de Quintana, que pairava sobre os seus livros anteriores, digamos até a publicação de *Antologia Poética*, em 1966, cede lugar a uma concretude pungente. Entre as retortas do velho aprendiz de feiticeiro abre-se espaço para uma garrafa com tóxico. Porque o tóxico quintaniano tem uma função: a de produzir no leitor um estado de alheamento provisório, que o dispõe para outras visões, ou diferenças de visões. O insólito explode numa pedra de Calcutá, na forma de um seio que as mãos vazias vão tomando... Fiquemos nessa amostra. Pareceria que Quintana fosse incapaz de poesia erótica. Tudo nele parece tão vago e longínquo... Mas basta que uma faísca tombe no canavial para este pegar fogo. Existe em *Esconderijos do Tempo* um poema que diz apenas isso e, por dizê-lo, diz mais do que cem poemas eróticos:

"Eu queria trazer-te uns versos muito lindos.../ Trago-te estas mãos vazias/ Que vão tomando a forma do teu seio". Reparemos: o primeiro verso é de um prosaísmo elementar: pensa-se num adolescente a fazer uma declaração de amor... por escrito! Só que, nesse verso, provavelmente o adolescente iria esquecer o adjetivo indefinido "uns". Depois, à semelhança de um meteorito que rasga a escuridão, nasce a maravilha: "Trago-te estas mãos vazias". Adolescente nenhum cogitaria em semelhante pobreza, em tão despida lucidez! O fecho possui o impacto de uma bomba: "Que vão tomando a forma do teu seio". É requinte, é experiência. Que dizer da expressão econômica, que joga com as palavras sibilantes nos dois primeiros versos, terminando com um terceiro, de grandiosa redondez, com predomínio da vogal aberta O: "Que vão tomando a forma do teu seio"? O livro borbulha de tais refinamentos. Por sua vez, as metáforas do Mestre exibem uma depuração alquímica: os girassóis de Van Gogh (belos e altos), um copo de chope sobre o mármore de um bar (atravessado por um raio de sol), uma série de pontos de exclamação (uma avenida de álamos), um cavalo parado, uma nuvem perdida. Será que a nudez virgem da morte comporta o peso de uma joia? E que dizer dos fios de barba apontando (cada fio, uma baioneta-calada contra o mundo)? O próprio poema, como um sexo, palpita. Sim, o poeta é belo como o Taj Mahal, feito de renda e mármore, ou então como o imprevisível perfil de uma árvore ao primeiro relâmpago da tempestade. Nessa coletânea impõe-se um dos poemas definitivos do Mestre: "As Mãos de meu Pai". Tudo ali é magnífico, de altíssima feitura: sua profundidade de sentimentos, sua essencialidade emotiva, suas imagens de uma coloquialidade jamais atingida: "As tuas mãos têm grossas veias como cordas azuis/ sobre um fundo de manchas já da cor da terra/ – como são belas as tuas mãos/ pelo quanto lidaram, acariciaram ou fremiram da nobre cólera dos justos..." Perpassa-as um acento bíblico, a evocar uma bênção de Isaac, um lamento de Jacó, ou um suspiro do Filho Pródigo.

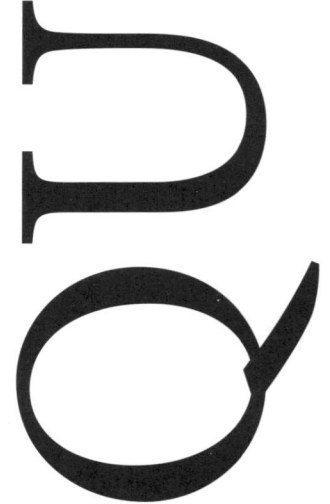

Também nesse livro, Quintana metaforiza a morte – que, segundo Albert Camus, transforma a existência de cada homem em destino. A morte, porém, que o poeta propõe não é feroz e madrasta. Possui a natureza inesperada das surpresas. No Poema "A Noite Grande", diz ele: " – morrer é simplesmente esquecer as palavras./ E conhecermos Deus, talvez,/ sem o terror da palavra DEUS!"

Levado por certeiro instinto, o poeta parece aproximar-nos da outra face de Deus, a do Pai. De qualquer modo, seu poema remete-nos à sugestão de um símbolo luminoso, o do amor que move o sol e os outros astros:

"Porque há nas tuas mãos, meu velho pai, essa beleza que se chama simplesmente vida. E, ao entardecer, quando elas repousam nos braços da tua cadeira predileta, uma luz parece vir de dentro delas... Virá dessa chama que pouco a pouco, longamente, vieste alimentando na terrível solidão do mundo, como quem junta uns gravetos e tenta acendê-los contra o vento?

Ah! como os fizeste arder, fulgir, com o milagre das tuas mãos!

E é, ainda, a vida que transfigura as tuas mãos nodosas... essa chama de vida – que transcende a própria vida... e que os Anjos, um dia, chamarão de alma."

Em *Baú de Espantos*, uma de suas últimas obras, Quintana utiliza uma nova técnica, que podemos qualificar de dialética da sublimação dessublimada. Analisemos um de seus poemas:

"Os Ventos Camonianos":

"Bóreas, Aquilão, todos os ventos camonianos
fizeram enormes estragos nos telhados
Bóreas, Aquilão, o Noto, o diabo,
Esgoelaram as cordas da chuva, abordaram a casa rangente,
Bramaram palavrões belíssimos no fragor do assalto,
Bóreas... e os outros marinheiros bêbados
agora estão todos eles caídos no convés da madrugada...
Afinal a coisa parece que não foi assim tão bruta:
As minhas cortinas agitam-se festivamente, enfunam-se
como velas pandas.
Apenas, em todas as varandas,
as açucenas estão degoladas.
Talvez sejam em última análise manjericões.

E agora esse ventinho metido a Fígaro
parece que está me fazendo a barba.
O céu está deslavadamente claro.
Lá embaixo na calçada
– último resquício Clássico –
Cupido, o pobre garoto,
Choraminga na lata de lixo."

O ponto de partida é uma situação mítica: Bóreas, Aquilão, Noto... Nomes pomposos que, por sua natureza, provocam um estado de espírito estranho. A designação "ventos camonianos" nos remete a um ar de epopeia, aos *Lusíadas*. O poema origina-se de algo cultural. Apesar disso, o poeta inverte seu processo: reduz o nobre ao que não é, a um fenômeno da natureza, a um temporal.

Utiliza expressões vulgares, pré-anunciadas, habilmente, por aquele "diabo" que conclui a lista de nomes célebres. Segue-se uma descrição rebaixadora: os ventos (camonianos) esgoelam, dizem palavrões, caem bêbados... Apercebamo-nos, todavia, do artifício sofisticado do poeta: a cada termo prosaico ele associa um termo lírico, que redime o primeiro. O que esgoelam os ventos? "As cordas da chuva". Que bramem? "Palavrões belíssimos no fragor do assalto" (para evocar a imagem de batalhas heroicas). A bebedeira dos marinheiros acaba "no convés da madrugada". O que surpreende é a inserção, no meio desses prosaísmos, de uma expressão de botequim: "afinal a coisa parece que não foi assim tão bruta".

O adjetivo *bruto* realça a impressão de vulgaridade. Mas faz-lhe contrapeso o que vem logo depois: cortinas que se agitam festivamente, afundando-se como velas pandas; varandas em que despontam açucenas degoladas ("Talvez sejam, em última análise, manjericões"). Por último, que sobra de tantos ventos camonianos? Um "céu deslavadamente claro" e, sobre a calçada, a choramingar, derradeiro resquício de tanto aristocratismo cultista, um pobre garoto chamado Cupido...

Fixemo-nos em outro poema:

"Espístola aos Novos Bárbaros":

"Jamais compreendereis a terrível simplicidade das minhas palavras
porque elas não são palavras: são rios, pássaros, naves...
no rumo de vossas almas bárbaras.
Sim, vós tendes as vossas almas supersticiosamente pintadas,
e não apenas a cara e o corpo como os verdadeiros selvagens.
Sabeis somente dar ouvido a palavras que não compreendeis,
e todos os vossos deuses são nascidos do medo.
E eu na verdade não vos trago a mensagem de nenhum deus.

N

Nem a minha...
Vim sacudir o que estava dormindo há tanto tempo
dentro de cada um de vós,
a limpar-vos de vossas tatuagens.
E o frêmito que sentireis então nas almas transfiguradas
não será do revoo dos anjos... Mas apenas
o beijo amoroso e invisível do vento sobre a pele nua."

  O poeta começa por apresentar-nos uma espécie de profeta ou pregador carismático, que se dirige às turbas em linguagem de sabor bíblico (ou zaratrustiano?). Portanto, o poema principia com uma sublimação fictícia: os ouvintes, isto é, os bárbaros, são censurados pelo que possuem de especificamente primitivo, suas tatuagens. No momento, porém, de proclamar a mensagem salvadora, o profeta nada tem a dizer. Dessublima-se o exórdio, que fazia prever um anúncio... transcendente! O profeta (o poeta) vem apenas limpar os bárbaros de suas tatuagens... espirituais. Vem sacudir-lhes a preguiça sensorial e mental, para dispô-los ao "beijo amoroso e invisível do vento sobre a pele nua".

Transcrevemos, ainda, outro poema, no qual, sem se afastar rigorosamente da técnica mencionada, Quintana se move noutras direções, privilegiando "o ritmo como elemento construtivo do verso", para utilizarmos um dos títulos de Yuri Tinianov em *O Problema da Linguagem Poética*. Trata-se do poema "Verde":

"Cactos, as tropicais colorações violentas

E o veludoso tom que nas grutas sombrias

O chão verdoengo alfombra... As verdes pedrarias,

Verdes, químicos, mar revolto, as reverberações

Das caudas das sereias... e o verde heroico das tormentas!
Verde o sonho, o propício repouso...
Em cujo seio, entanto, enroscam-se as paixões...
Bórgia da cor, verde violento e venenoso
Verde – que sensações
Estranhas: terras várzeas! a luz cantigas! alaridos!
E esses homens de mãos cruzadas, estendidos
No verde das sutis, lentas putrefações..."

Se Bergson não erra ao afirmar que nossos estados de alma nos fogem no que têm de mais íntimo e pessoal, de originalmente vivido, de modo que nos movemos comumente "entre generalidades e símbolos", constatamos aqui um esforço maravilhoso do poeta para desipnotizar-nos. Quintana quer despertar-nos para uma experiência acessível: a da cor verde. O ponto de partida da composição é a contemplação da natureza: cactos, grutas, pedras, o mar... até mesmo as caudas das sereias próximas do "Verde heroico das tormentas", de quem são o símbolo flagrante. Verde é também o sonho, o repouso. Neste último verso, dominado pela vogal O, a cor torna-se o sono e o repouso das sensações. Existe, todavia, um outro verde: o venenoso. Não foi após a sesta que David cobiçou Betsabé e, em consequência, mandou assassinar Urias? Com semelhante parêntesis, o poeta retorna à primavera: luz, cantigas, alaridos! Mas a magia do poeta, de súbito, como um toque de címbalo, se transfere a um silencioso relvado, onde se veem:

"(...) homens de mão cruzadas, estendidos
no verde das sutis, lentas putrefações..."

Já não existem cirandas infantis, nem banquetes nupciais brueghelianos em prados alegres. Os que não conhecem Quintana, ou o subestimam, pasmem! Ele prefere, à metafísica de tratados balofos, a "metafísica instantânea" de Bachelard. Assimilando o verso de Fernando Pessoa: "Eu sou do tamanho do que vejo", converte a conclusão do poema, físico e visual no início, e também musical, numa sorte de voz que o alarga desmesuradamente. Será o verde da Esperança? De todas as esperanças, inclusive a cristã? De qualquer modo, os homens de mãos cruzadas lá estão, sob o relvado, talvez borrifado de flores amarelas, com a cruz nas mãos, garantia eventual da sua... ressurreição? Mencionemos, de passagem, a incrível melodia do poema, não só ritmado, como também rimado, com aliterações e jogos de sonoridades, cujo erotismo, acústico e labial, é saboreado por quem se dispõe a proferi-las:

"Cactos, as tropicais colorações violentas
E o veludoso tom que nas grutas sombrias
O chão verdoengo alfombra...(...)"

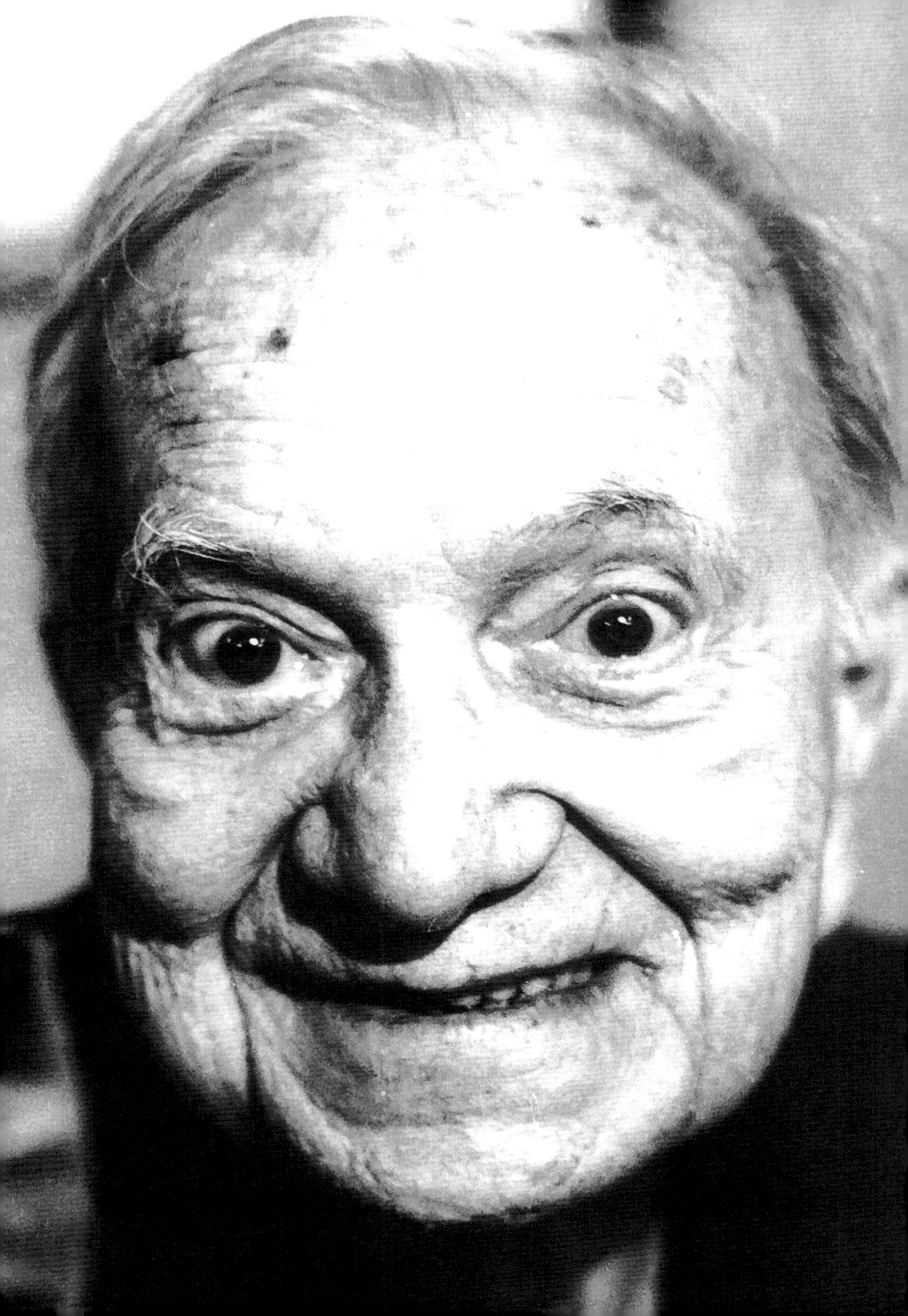

Caro Poeta: tua fotografia é – também! – uma verdade que se esqueceu de acontecer. O povo diz (das fotografias) que elas são parecidas. Mas, parecidas com quê? Uma fotografia, para ser verdadeira, teria que ser... aparecida! Ora, jamais se ouviu dizer que um fotógrafo tivesse fotografado uma aparição.

Portanto, existem apenas fotografias autênticas de coisas estáticas, por exemplo, dos mortos cuja luz não se apaga nunca. Fotografia de vivos? Talvez a dos... espelhos, que lhes acompanham os movimentos e os gestos, e em seguida, os esquecem. A rigor, a tua foto deveria ser um poema, que não se vê, mas se lê, ou seja, que se vê por dentro.

Dulce Helfer realizou tua foto com engenho e arte. Fez de ti uma foto felina. Felina? De Fellini, e também, de felino, que Aurélio Buarque de Holanda Ferreira define: "Relativo ao, ou próprio do gato, ou semelhante a ele, gatesco. Fig. Traiçoeiro, fingido". Traiçoeiro? Prefiro-lhe fingido. Escreveu Fernando Pessoa: "O poeta é um fingidor". Também tu, bom Mario, finges tão completamente, que chegas a fingir que é dor a dor que deveras sentes. Com teu ar de *clown* (o Augusto Meyer escreveu de ti: "Em pleno fervor do poema-piada, ou dos caligramas crioulos, quando já ensaiávamos os primeiros borborigmos surrealistas, só abria a boca – uma boca larga de *clown*, rasgada de orelha a orelha – para elogiar as panóplias de Herédia"), enganas vivos e mortos pela razão – e aqui está uma de tuas maiores malícias – de que vives com um pé neste mundo, e com os outros, no Outro... Recentemente anotaste em teu *Baú de Espantos*: "Os felinos farejam-me... / Antes eu estivesse morto e não sentiria nada... Mas / A primeira coisa que um morto faz depois de enterrado / É abrir novamente os olhos..." Sim: abres e fechas os olhos, ciente de que estás aqui, ali e acolá.

Quem não se sente constrangido diante de um espelho, ou diante de uma fotografia? Ambos parece que nos duplicam o corpo e, sobretudo, a alma. Aí está teu rosto. Mas... que rosto? O que vejo são olhos estaladíssimos, com uma cintilação imóvel de brasas fugidas de brasileiro, de tigrezinhos que, de repente, descobriram que podem saltar. Tua boca possui algo de uma guitarra cubista, daquelas que Picasso e Braque pintaram nos inícios do século, onde se veem algumas cordas, e se adivinham as outras. O mais bonito são teus cabelos com um ar de trigal maduro, dobrado pelo vento. Ar? Está na hora de dar a palavra a Roland Barthes, que escreveu: "O ar de um rosto é indecomponível (...) O ar não é um dado esquemático, intelectual, tal como o é uma silhueta (...) Não, o ar é essa coisa exorbitante que induz do corpo à alma – animula, pequena alma individual, boa em um, má em outro". Sim, Mario, essa pequena (ou grande alma) é boa em ti. Tua foto tem esse ar, o ar maravilhoso das almas boas, o ar, em última análise, que Deus soprou nas narinas do primeiro homem.

Armindo Trevisan

"Era uma vez um homem que estava pescando, Maria. Até que apanhou um peixinho! Mas o peixinho era tão pequenininho e inocente, e tinha um azulado tão indescritível nas escamas, que o homem ficou com pena. E retirou cuidadosamente o anzol e pincelou com iodo a garganta do coitadinho. Depois guardou-o no bolso traseiro das calças, para que o animalzinho sarasse no quente. E desde então ficaram inseparáveis. Aonde o homem ia, o peixinho o acompanhava, a trote, que nem um cachorrinho. Pelas calçadas. Pelos elevadores. Pelos cafés. Como era tocante vê-los no "17"! - o homem, grave, de preto, com uma das mãos segurando a xícara de fumegante moca, com a outra lendo o jornal, com a outra fumando, com a outra cuidando o peixinho, enquanto este, silencioso e levemente melancólico, tomava laranjada por um canudinho especial...

Ora, um dia o homem e o peixinho passeavam à margem do rio onde o segundo dos dois fora pescado. E eis que os olhos do primeiro se encheram de lágrimas. E disse o homem ao peixinho: "Não, não me assiste o direito de te guardar comigo. Por que roubar-te por mais tempo ao carinho do teu pai, da tua mãe, dos teus irmãozinhos, da tua tia solteira? Não, não e não! Volta para o seio da tua família. E viva eu cá na terra sempre triste!..."

Dito isso, verteu copioso pranto e, desviando o rosto, atirou o peixinho n'água. E a água fez um redemoinho, que foi depois serenando, serenando... até que o peixinho morreu afogado..."

(Poesias)

Esses desenhos foram feitos em 1969 por uma menina chamada Dulce, como trabalho escolar.

Quintana

POEMAS

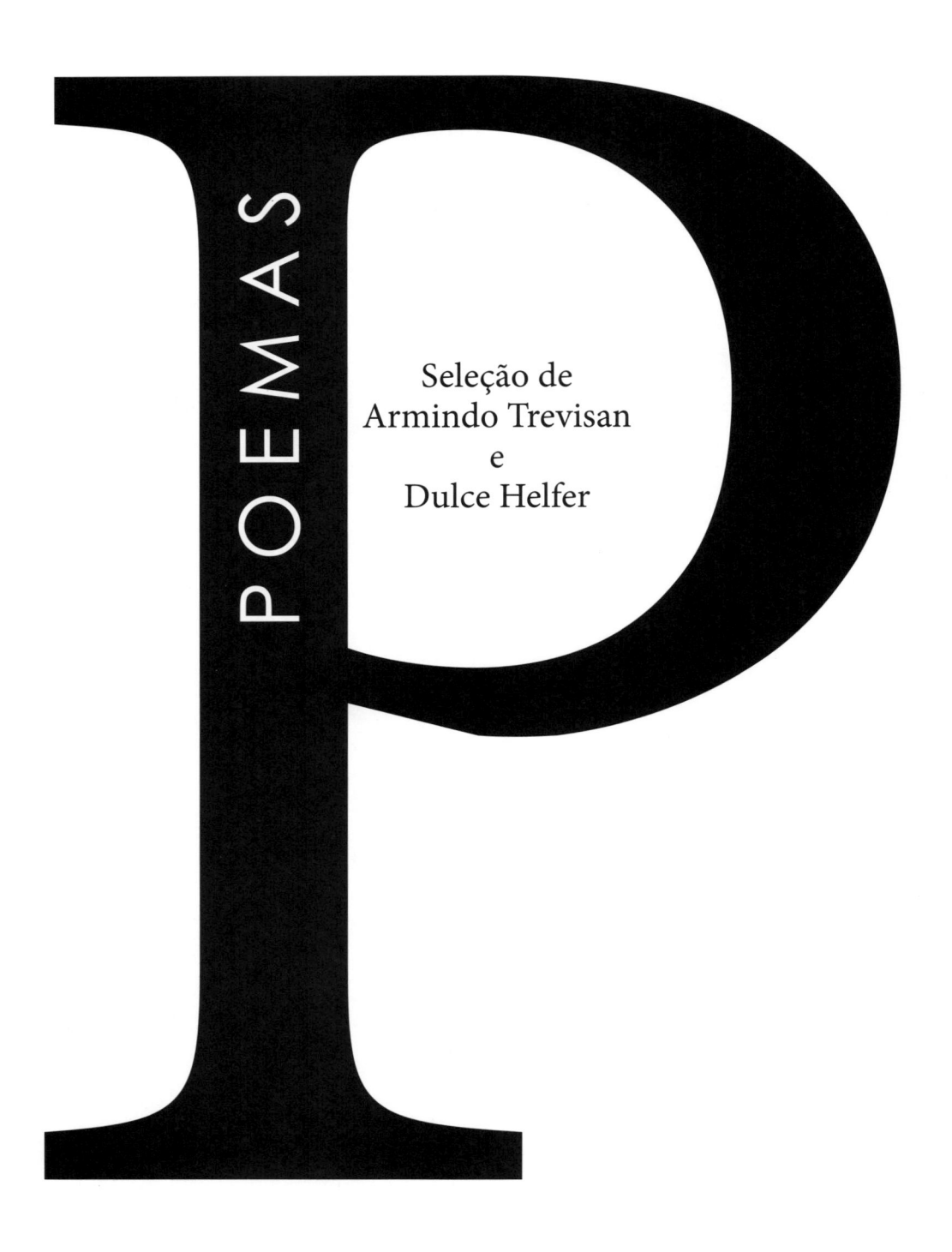

Seleção de
Armindo Trevisan
e
Dulce Helfer

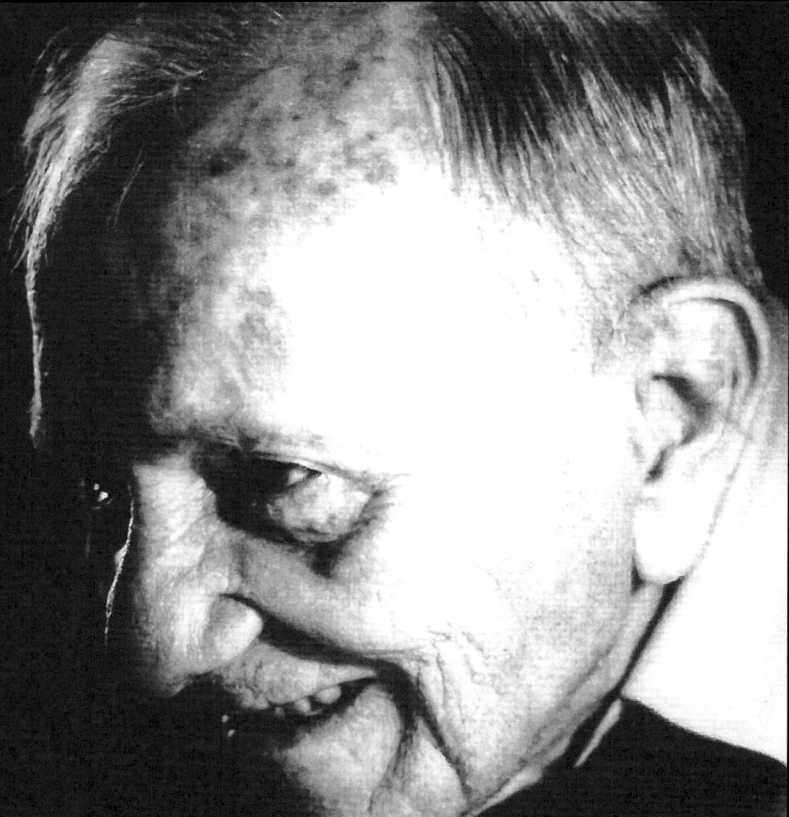

O Autorretrato

No retrato que me faço
- traço a traço -
às vezes me pinto nuvem,
às vezes me pinto árvore...

às vezes me pinto coisas
de que nem há mais lembrança...
ou coisas que não existem
mas que um dia existirão...

e, desta lida, em que busco
- pouco a pouco -
minha eterna semelhança,

no final, que restará?
Um desenho de criança...
Corrigido por um louco!

(Apontamentos de História Sobrenatural)

Canção

Barzinho perdido
Na noite fria,
Estrela e guia
Na escuridão.
Que bem se fica!
Que bem! que bem!
Tal como dentro
De uma apertada
Quentinha mão...
E Rosa, a da vida...
E Verlaine que está
Coberto de limo.
E Rimbaud a seu lado,
O pobre menino...
E o Pedro Cachaça
Com quem me assustavam
(O tempo que faz!)
O Pedro tão nobre
Na sua desgraça...
E Villon sem um cobre

de Bar

Que não pode entrar.
E o Anto que viaja
Pelo alto mar...
Se o Anto morrer,
Senhor Capitão,
Se o Anto morrer,
Não no deite ao mar!
E aqui tão bom...
E aqui tão bom!
Tal como dentro
De uma apertada
Quentinha concha...
E Rosa, a da vida,
Sentada ao balcão.
Barzinho perdido
Na noite fria,
Estrela e guia
Na turbação.
E caninha pura,
Da mais pura água,
Que poesia pura,
Ai seu poeta irmão,
A poesia pura
Não existe não!

(Canções)

Olho as Minhas Mãos

Olho as minhas mãos: elas só não são estranhas
Porque são minhas. Mas é tão esquisito distendê-las
Assim, lentamente, como essas anêmonas do fundo do mar...
Fechá-las, de repente,
Os dedos como pétalas carnívoras!
Só apanho, porém, com elas, esse alimento impalpável do tempo,
Que me sustenta, e mata, e que vai secretando o pensamento
Como tecem as teias as aranhas.
A que mundo
Pertenço?
No mundo há pedras, baobás, panteras,
Águas cantarolantes, o vento ventando
E no alto as nuvens improvisando sem cessar.
Mas nada, disso tudo, diz: "existo".
Porque apenas existem...
Enquanto isto,
O tempo engendra a morte, e a morte gera os deuses
E, cheios de esperança e medo,
Oficiamos rituais, inventamos
Palavras mágicas,
Fazemos
Poemas, pobres poemas
Que o vento
Mistura, confunde e dispersa no ar...
Nem na estrela do céu nem na estrela-do-mar
Foi este o fim da Criação!
Mas, então,
Quem urde eternamente a trama de tão velhos sonhos?
Quem faz – em mim – esta interrogação?

(Apontamentos de História Sobrenatural)

Soneto XVII

Da vez primeira em que me assassinaram
Perdi um jeito de sorrir que eu tinha...
Depois, de cada vez que me mataram,
Foram levando qualquer coisa minha...

E hoje, dos meus cadáveres, eu sou
O mais desnudo, o que não tem mais nada...
Arde um toco de vela, amarelada...
Como o único bem que me ficou!

Vinde, corvos, chacais, ladrões da estrada!
Ah! desta mão, avaramente adunca,
Ninguém há de arrancar-me a luz sagrada!

Aves da Noite! Asas de Horror! Voejai!
Que a luz, trêmula e triste como um ai,
A luz do morto não se apaga nunca!

(Rua dos Cataventos)

O cigarro é uma maneira disfarçada de suspirar...

Sonatina Lunar

Meu coração
bate sozinho
no velho moinho
da solidão.

(Lili Inventa o Mundo)

Do Temor da Morte

Tu estás vivo... e basta! A única morte
possível é não ter nascido.

(Porta Giratória)

VIII

Recordo ainda... E nada mais me importa...
Aqueles dias de uma luz tão mansa
Que me deixavam, sempre, de lembrança,
Algum brinquedo novo à minha porta...

Mas veio um vento de desesperança
Soprando cinzas pela noite morta!
E eu pendurei na galharia torta
Todos os meus brinquedos de criança...

Estrada fora após segui... Mas, ai,
Embora idade e senso eu aparente,
Não vos iluda o velho que aqui vai:

Eu quero os meus brinquedos novamente!
Sou um pobre menino... acreditai...
Que envelheceu, um dia, de repente!...

(A Rua dos Cataventos)

Fragmento de Ode

Camões,
Seu nome retorcido como um búzio!
Nele sopra Netuno...
(Apontamentos de História Sobrenatural)

Aventura no Parque

No banco verde do parque, onde eu lia distraidamente o *Almanaque Bertrand*, aquela sentença pegou-me de surpresa: "Colhe o momento que passa". Colhi-o, atarantado. Era um não sei que, um *flapt*, um inquietante animalzinho, todo asas e todo patas: ardia como uma brasa, trepidava como um motor, dava uma angustiosa sensação de véspera de desabamento. Não pude mais. Arremessei-o contra as pedras, onde foi logo esmigalhado pelo vertiginoso velocípede de um meninozinho vestido à marinheira. "Quem monta num tigre (dizia, à página seguinte, um provérbio chinês), quem monta num tigre não pode apear".

(Sapato Florido)

A Saudade

O que faz as coisas pararem no tempo é a saudade.

(Da Preguiça como Método de Trabalho)

O Anjo Malaquias

O Ogre rilhava os dentes agudos e lambia os beiços grossos, com esse exagerado ar de ferocidade que os monstros gostam de aparentar, por esporte.

Diante dele, sobre a mesa posta, o Inocentinho balava, imbele. Chamava-se Malaquias – tão pequinininho e rechonchudo, pelado, a barriguinha pra baixo, na tocante posição de certos retratos da primeira infância...

O Ogre atou o guardanapo ao pescoço. Já ia o miserável devorar o Inocentinho, quando Nossa Senhora interferiu com um milagre.

Malaquias criou asas e saiu voando, voando, pelo ar atônito... saiu voando janela em fora...

Dada, porém, a urgência da operação, as asinhas brotaram-lhe apressadamente na bunda, em vez de ser um pouco mais acima, atrás dos ombros. Pois quem nasceu para mártir, nem mesmo a Mãe de Deus lhe vale!

Que o digam as nuvens, esses lerdos e desmesurados cágados das alturas, quando, pela noite morta, o Inocentinho passa por entre elas, voando em esquadro, o pobre, de cabeça pra baixo.

E o homem que, no dia ordenado, está jogando os sapatos dos filhos, o vestido da mulher e a conta do vendeiro, esse ouve, no entrechocar das fichas, o desatado pranto do Anjo Malaquias!

E a mundana que pinta o seu rosto de ídolo... E o empregadinho em falta que sente as palavras de emergência fugirem-lhe como cabelos de afogado... E o orador que para em meio de uma frase... E o tenor que dá, de súbito, uma nota em falso... Todos escutam, no seu imenso desamparo, o choro agudo do Anjo Malaquias!

E quantas vezes um de nós, ao levar o copo ao lábio, interrompe o gesto e empalidece – O Anjo! O Anjo Malaquias! – ... E então, pra disfarçar, a gente faz literatura... e diz aos amigos que foi apenas uma folha morta que se desprendeu... ou que um pneu estourou, longe... na estrela Aldebaran...

(Sapato Florido)

A Oferenda

Eu queria trazer-te uns versos muito lindos...
Trago-te estas mãos vazias
Que vão tomando a forma do teu seio.

(Apontamentos de História Sobrenatural).

Arquitetura Funcional

Não gosto da arquitetura nova
Porque a arquitetura nova não faz casas velhas
Não gosto das casas novas
Porque casas novas não têm fantasmas
E, quando digo fantasmas, não quero dizer essas assombrações vulgares
Que andam por aí...
É não-sei-quê de mais sutil
Nessas velhas, velhas casas,
Como, em nós, a presença invisível da alma... Tu nem sabes
A pena que me dão as crianças de hoje!
Vivem desencantadas como uns órfãos:
As suas casas não têm porões nem sótãos,
São umas pobres casas sem mistério.
Como pode nelas vir morar o sonho?
O sonho é sempre um hóspede clandestino e é preciso
(Como bem sabíamos)
Ocultá-lo das visitas
(Que diriam elas, as solenes visitas?)
É preciso ocultá-lo das outras pessoas da casa,
É preciso ocultá-lo dos confessores,
Dos professores,
Até dos Profetas
(Os Profetas estão sempre profetizando outras cousas...)
E as casas novas não têm ao menos aqueles longos, intermináveis corredores
Que a Lua vinha às vezes assombrar!

(Apontamentos de História Sobrenatural)

Este Quarto...

Este quarto de enfermo, tão deserto
de tudo, pois nem livros eu já leio
e a própria vida eu a deixei no meio
como um romance que ficasse aberto...

que me importa este quarto, em que desperto
como se despertasse em quarto alheio?
Eu olho é o céu! imensamente perto,
o céu que me descansa como um seio.

Pois só o céu é que está perto, sim,
tão perto e tão amigo que parece
um grande olhar azul pousado em mim.

A morte deveria ser assim:
um céu que pouco a pouco anoitecesse
e a gente nem soubesse que era o fim...

(Apontamentos de História Sobrenatural)

Velhos & Moços

A presunção – tão desculpável e divertida nos moços – é o mais certo sinal de burrice nos velhos. O verdadeiro fruto da árvore do conhecimento é a simplicidade.

(Caderno H)

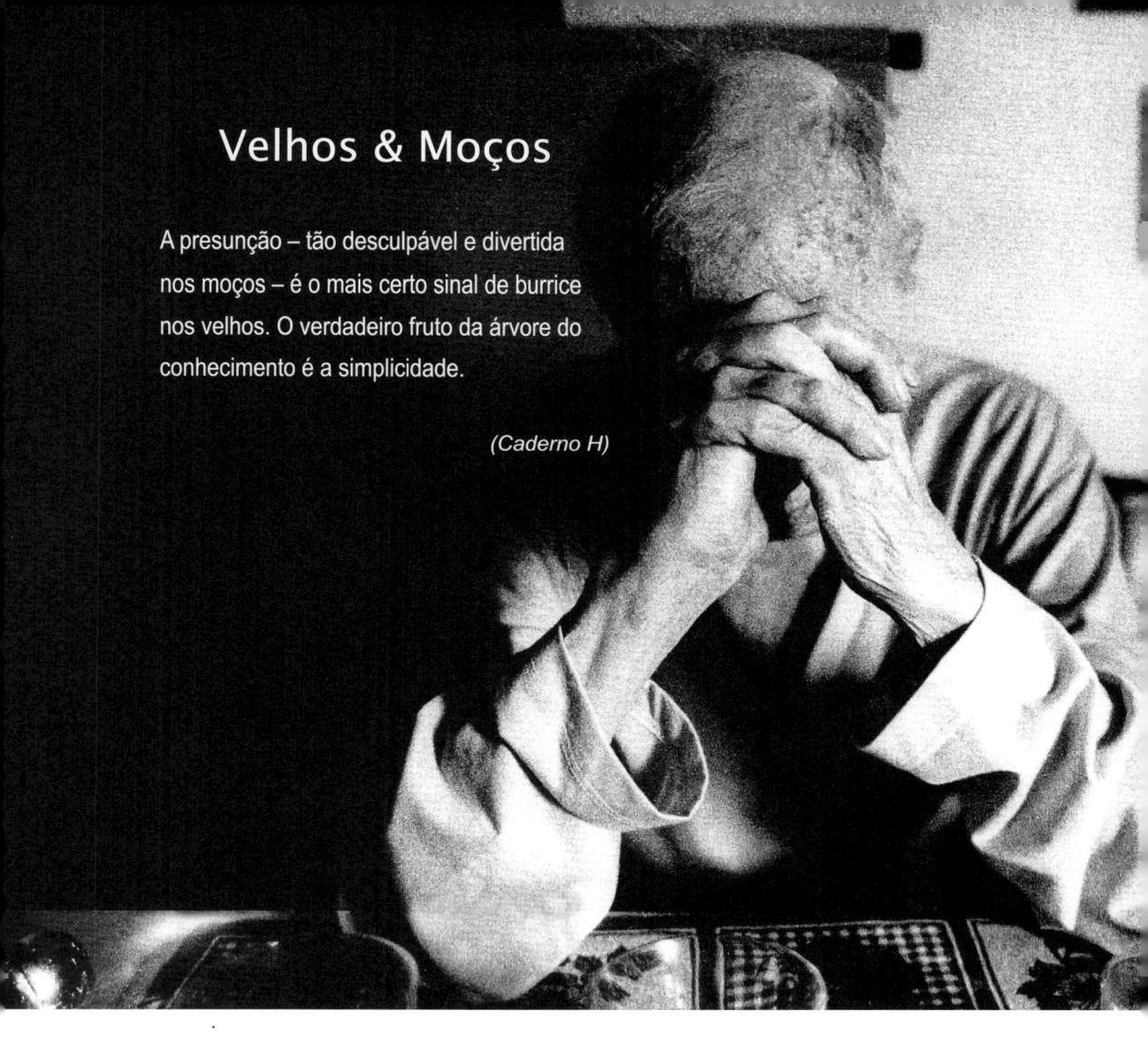

O que o Vento não Levou

No fim tu hás de ver que as coisas mais leves são as únicas
que o vento não conseguiu levar:

um estribilho antigo
um carinho no momento preciso
o folhear de um livro de poemas
o cheiro que tinha um dia o próprio vento...

(A Cor do Invisível)

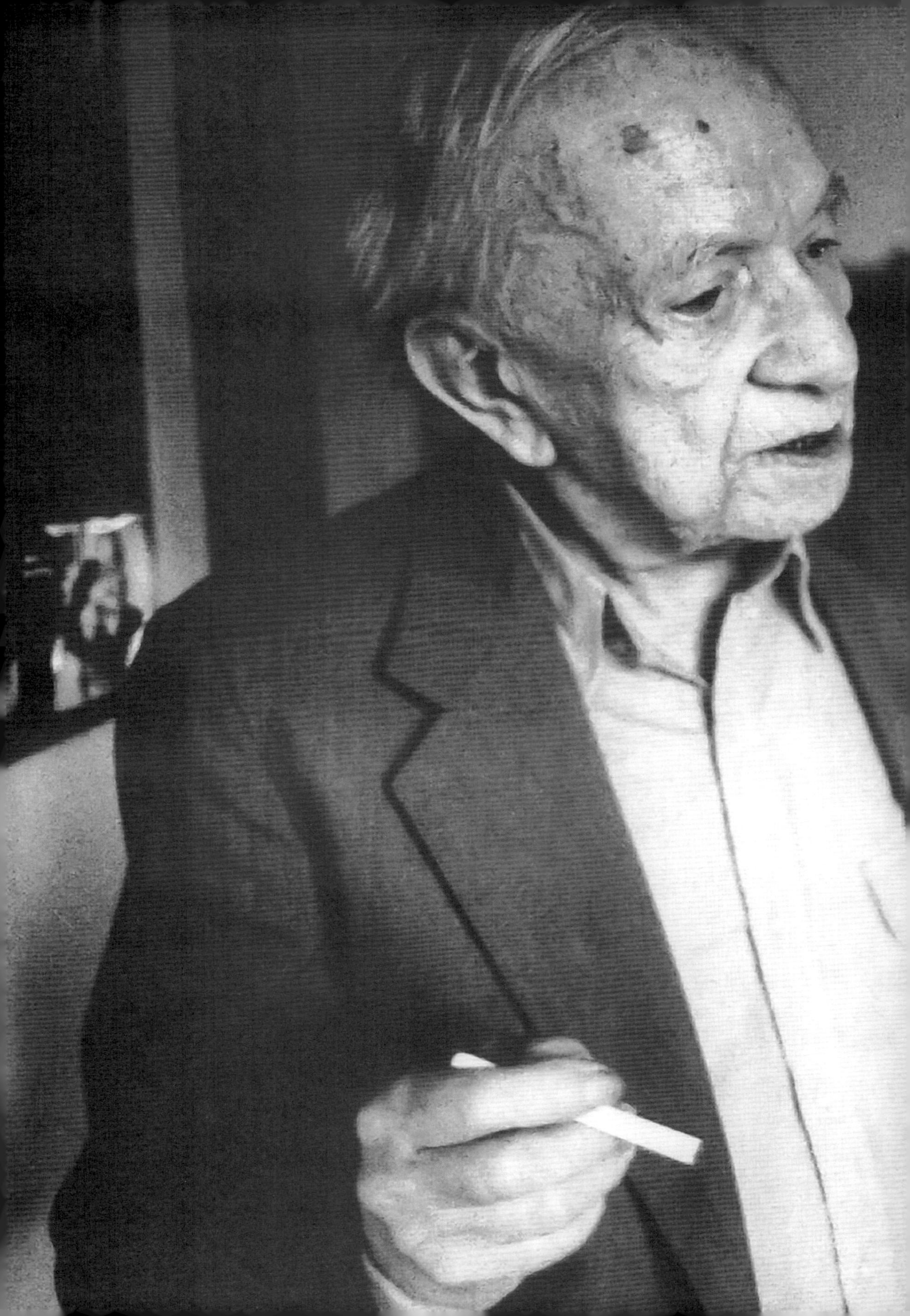

Deixa-me Seguir para o Mar

Tenta esquecer-me... Ser lembrado é como
evocar-se um fantasma... Deixa-me ser
o que sou, o que sempre fui, um rio que vai fluindo...

Em vão, em minhas margens cantarão as horas,
me recamarei de estrelas como um manto real,
me bordarei de nuvens e de asas,
às vezes virão em mim as crianças banhar-se...

Um espelho não guarda as coisas refletidas!
E o meu destino é seguir... é seguir para o Mar,
as imagens perdendo no caminho...
Deixa-me fluir, passar, cantar...

toda a tristeza dos rios
é não poderem parar!

(Baú de Espantos)

Cocktail – Party

Não tenho vergonha de dizer que estou triste,
Não dessa tristeza criminosa dos que, em vez de se matarem, fazem poemas:
Estou triste porque vocês são burros e feios
E não morrem nunca...
Minha alma assenta-se no cordão da calçada
E chora,
Olhando as poças barrentas que a chuva deixou.
Eu sigo adiante. Misturo-me a vocês. Acho vocês uns amores.
Na minha cara há um vasto sorriso pintado a vermelhão.
E trocamos brindes,
Acreditamos em tudo o que vem nos jornais.
Somos democratas e escravocratas.
Nossas almas? Sei lá!
Mas como são belos os filmes coloridos!
(Ainda mais os de assuntos bíblicos...)
Desce o crepúsculo
E, quando a primeira estrelinha ia refletir-se em todas as poças d'água,
Acenderam-se de súbito os postes de iluminação!

(Aprendiz de Feiticeiro)

O Poema

Um poema como um gole d'água bebido no escuro.
Como um pobre animal palpitando ferido.
Como pequenina moeda de prata perdida para sempre na floresta noturna.
Um poema sem outra angústia que a sua misteriosa condição de poema.
Triste.
Solitário.
Único.
Ferido de mortal beleza.

(Apontamentos de História Sobrenatural)

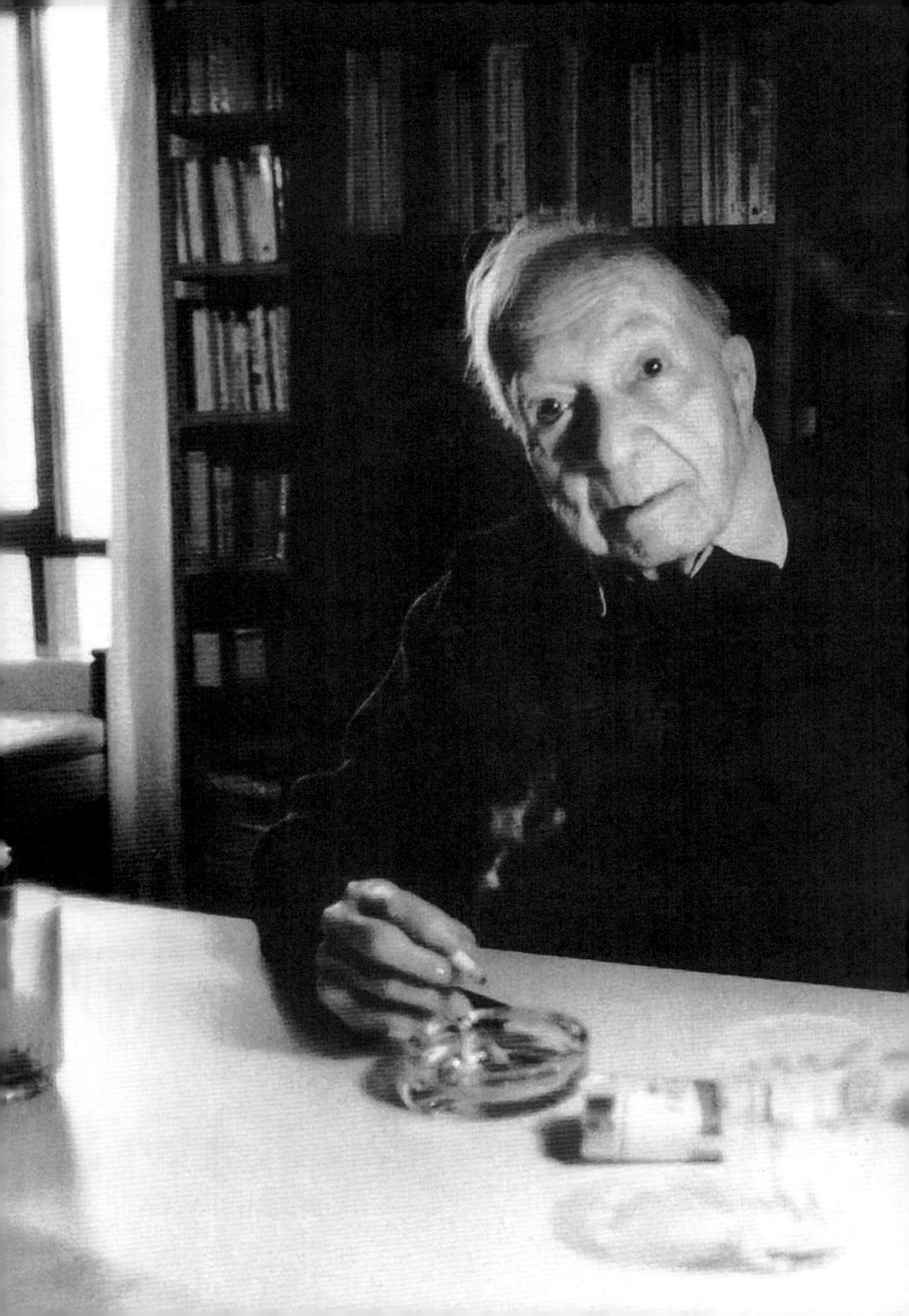

Eu Sou Aquele

Eu sou aquele que, estando sentado a uma janela,
a ouvir o Apóstolo das Gentes,
adormeci e caí do alto dela.
Nem sei mais se morri ou fui miraculado:

consultai os Textos, no lugar competente —
o que importa é que o Deus que eu tanto ansiava
como uma luz que se acendesse de repente,
era-me vestido com palavras e mais palavras

e cada palavra tinha o seu sentido...
Como as entenderia — eu tão pobre de espírito
como era simples de coração?

E pouco a pouco se fecharam os meus olhos...
e eu cada vez mais longe... no acalanto
de uma quase esquecida canção...

(Apontamentos de História Sobrenatural)

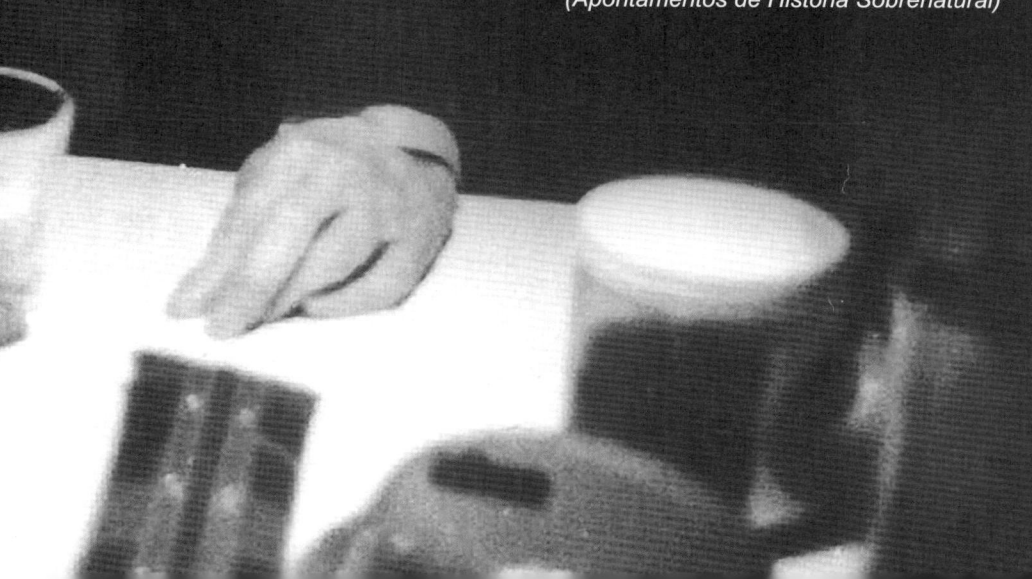

Canção

Cheguei à concha da orelha
à concha do caracol.
Escutei
vozes amadas
que eu julgava
eternamente perdidas.
Uma havia
que dentre as outras mais graves
tão clara e alta se erguia...
Que eu custei mas descobri
que era a minha própria voz:
sessenta anos havia
ou mais
que ali estava encerrada.
Meu Deus, as coisas que ela dizia!
as coisas que eu perguntava!

Eu deixei-as sem resposta.

As outras vozes, mais graves,
tampouco
nenhuma lhe respondia.

O mundo é um búzio oco,
menino...

Mundo de vozes perdidas
e onde apenas o eco
eternamente
repete as mesmas perguntas.

(Apontamentos de História Sobrenatural)

Trecho de um Diário

Hoje me acordei pensando em uma pedra numa rua de Calcutá. Numa determinada pedra em certa rua de Calcutá. Solta. Sozinha. Quem repara nela? Só eu, que nunca fui lá. Só eu, deste lado do mundo, te mando agora esse pensamento... Minha pedra de Calcutá!

(Apontamentos de História Sobrenatural)

Canção do Dia de Sempre

Tão bom viver dia a dia...
A vida, assim, jamais cansa...

Viver tão só de momentos
Como essas nuvens do céu...

E só ganhar, toda a vida,
Inexperiência... esperança...

E a rosa louca dos ventos
Presa à copa do chapéu.

Nunca dês um nome a um rio:
Sempre é outro rio a passar.

Nada jamais continua,
Tudo vai recomeçar!

E sem nenhuma lembrança
Das outras vezes perdidas,
Atiro a rosa do sonho
Nas tuas mãos distraídas...

(Canções)

Verão

No capinzal o meu cabelo cresce:
Pende, polpa madura, o lábio teu no fruto:
Todo o calor te diz: "Amadurece
Mais, ainda mais e tomba!"
Eu não espero
Vento nenhum que te derrube, eu quero
Que tombes, doce e morna, por ti mesma,
Onde mais sejas desejada e apetecida... Vem!
Faremos
De verdura acre
E doce polpa
Manjar que as reses lamberão
E virão farejar os animais noturnos

Antes de que nos sorva, lentamente, o chão...

(Apontamentos de História Sobrenatural)

Poema Datado

Oh! este vento azul de primavera!
E o céu tão límpido, lá – alto...
Nem sei por que fui olhar para o chão.
Mas encontrei na rua um lápis verde,
Com borracha na ponta!
Para emendar fatais tolices, creio...
Mas não emendo, não..
E vou-as escrevendo
Tal como as dita o coração relapso!
Era ao sair da escola.
O azul era tão límpido
E só sei que meu vulto refletia-se
Não em claros arroios matinais
(que os não havia)
Mas no cristal dos olhos das meninas
E neles se lavava este pecado
(venial)
De estar... não sei como vos diga... tão
Assim,
Lavava-se todo, todo o meu passado.
Passado? Que passado, meu Deus,
Nunca tive passado!
Enfim...
Não sei por que
Me sentia perdoado não sei de quê
Nesse
Dia
Maravilhoso
De setembro
Dois de setembro de 1957
Em que encontrei na rua um lápis verde
Para o bem de meus pecados!

(A Cor do Invisível)

Pedra Rolada

Esta pedra que apanhaste acaso à beira do caminho
– tão lisa de tanto rolar –
é macia como um animal que se finge de morto.

Apalpa-a... E sentirás, miraculosamente,
a suave serenidade com que os mortos recordam.

Mortos?! Basta-lhes ter vivido
um pouco
para jamais poderem estar mortos

– e esta pedra pertence ao universo deles.

Deposita-a
cuidadosamente
no chão...

Esta pedra está viva!

(Apontamentos de História Sobrenatural)

Canção do Amor Imprevisto

Eu sou um homem fechado.
O mundo me tornou egoísta e mau.
E minha poesia é um vício triste,
Desesperado e solitário
Que eu faço tudo por abafar.

Mas tu apareceste com a tua boca fresca de madrugada,
Com teu passo leve,
Com esses teus cabelos...

E o homem taciturno ficou imóvel, sem compreender nada, numa alegria atônita...

A súbita, a dolorosa alegria de um espantalho inútil
Aonde viessem pousar os passarinhos!

(Canções)

O Velho Poeta

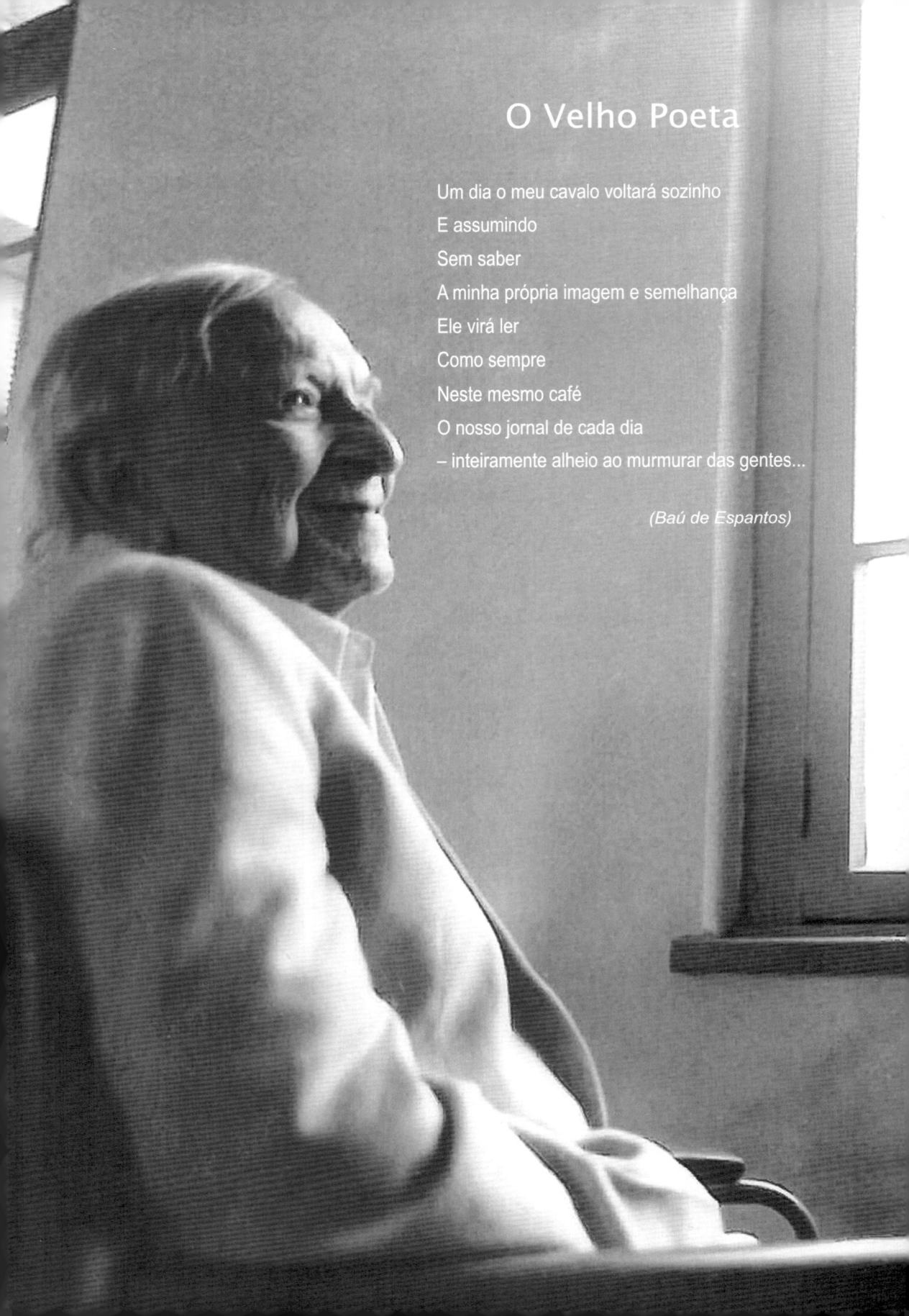

Um dia o meu cavalo voltará sozinho
E assumindo
Sem saber
A minha própria imagem e semelhança
Ele virá ler
Como sempre
Neste mesmo café
O nosso jornal de cada dia
– inteiramente alheio ao murmurar das gentes...

(Baú de Espantos)

XXIII

Cidadezinha cheia de graça...
Tão pequenina que até causa dó!
Com seus burricos a pastar na praça...
Sua igrejinha de uma torre só...

Nuvens que venham, nuvens e asas,
Não param nunca nem um segundo...
E fica a torre, sobre as velhas casas,
Fica cismando como é vasto o mundo!...

Eu que de longe venho perdido,
Sem pouso fixo (a triste sina!)
Ah, quem me dera ter lá nascido!

Lá toda a vida poder morar!
Cidadezinha... Tão pequenina
Que toda cabe num só olhar...

(A Rua dos Cataventos)

O Velho do Espelho

Por acaso, surpreendo-me no espelho: quem é esse
Que me olha e é tão mais velho do que eu?
Porém, seu rosto... é cada vez menos estranho...
Meu Deus, meu Deus... Parece
Meu velho pai – que já morreu!
Como pude ficarmos assim?
Nosso olhar – duro – interroga:
"O que fizeste de mim?!"
Eu, Pai?! Tu é que me invadiste,
Lentamente, ruga a ruga... Que importa? Eu sou, ainda,
Aquele mesmo menino teimoso de sempre
E os teus planos enfim lá se foram por terra.
Mas sei que vi, um dia, a longa, a inútil guerra!
Vi sorrir, nesses cansados olhos, um orgulho triste...

(Apontamentos de História Sobrenatural)

O Apanhador de Poemas

" Um poema sempre me pareceu algo assim como um pássaro engaiolado... E que, para apanhá-lo vivo, era preciso um cuidado infinito. Um poema não se pega a tiro. Nem a laço. Nem a grito. Não, o grito é o que mais o espanta. Um poema, é preciso esperá-lo com paciência e silenciosamente como um gato. É preciso que lhe armemos ciladas: com rimas, que são o seu alpiste; há poemas que só se deixam apanhar com isto. Outros que só ficam presos atrás das quatorze grades de um soneto. É preciso esperá-lo com assonâncias e aliterações, para que ele cante. É preciso recebê-lo com ritmo, para que ele comece a dançar. E há os poemas livres, imprevisíveis. Para esses é preciso inventar, na hora, armadilhas imprevistas. "

(Da Preguiça como Método de Trabalho)

Vale a pena estar vivo – nem que seja para dizer que não vale a pena.

Canção para uma Valsa Lenta

Minha vida não foi um romance...
Nunca tive até hoje um segredo.
Se me amas, não digas, que morro
De surpresa... de encanto... de medo...

Minha vida não foi um romance,
Minha vida passou por passar.
Se não amas, não finjas, que vivo
Esperando um amor para amar.

Minha vida não foi um romance...
Pobre vida... passou sem enredo...
Glória a ti que me enches a vida
De surpresa, de encanto, de medo!

Minha vida não foi um romance...
Ai de mim... Já se ia acabar!
Pobre vida que toda depende
De um sorriso... de um gesto... um olhar...

(Canções)

Bilhete

Se tu me amas, ama-me baixinho
Não o grites de cima dos telhados
Deixa em paz os passarinhos
Deixa em paz a mim!
Se me queres,
enfim,
tem de ser bem devagarinho, Amada,
que a vida é breve, e o amor mais breve ainda...

(Esconderijos do Tempo)

Poema da Gare de Astapovo

O velho Leon Tolstoi fugiu de casa aos oitenta anos

E foi morrer na gare de Astapovo!

Com certeza sentou-se a um velho banco,

Um desses velhos bancos lustrosos pelo uso

Que existem em todas as estaçõezinhas pobres do mundo,

Contra uma parede nua...

Sentou-se... e sorriu amargamente

Pensando que

Em toda a sua vida

Apenas restava de seu a Glória,

Esse irrisório chocalho cheio de guizos e fitinhas

Coloridas

Nas mãos esclerosadas de um caduco!

E então a Morte,

Ao vê-lo tão sozinho àquela hora

Na estação deserta,

Julgou que ele estivesse ali à sua espera,

Quando apenas sentara para descansar um pouco!

A Morte chegou na sua antiga locomotiva

(Ela sempre chega pontualmente na hora incerta...)

Mas talvez não pensou em nada disso, o grande Velho,

E quem sabe se até não morreu feliz: ele fugiu...

Ele fugiu de casa...

Ele fugiu de casa aos oitenta anos de idade...

Não são todos os que realizam os velhos sonhos da infância!

(Apontamentos de História Sobrenatural)

Nos Solenes Banquetes

Nos solenes banquetes de próceres internacionais
– em especial sobre desarmamentos –
O aparte mais espontâneo
É o riso de prata de uma colherinha
Que por acaso tombou no chão!

(Velório sem Defunto)

XX

Estou sentado sobre a minha mala
No velho bergantim desmantelado...
Quanto tempo, meu Deus, malbaratado
Em tanta inútil, misteriosa escala!

Joguei a minha bússola quebrada
Às águas fundas... E afinal sem norte,
Como o velho Sindbad de alma cansada
Eu nada mais desejo, nem a morte...

Delícia de ficar deitado ao fundo
Do barco, a vos olhar, velas paradas!
Se em toda a parte é sempre o Fim do Mundo

Pra que partir? Sempre se chega, enfim...
Pra que seguir empós das alvoradas
Se, por si mesmas, elas vêm a mim?

(A Rua dos Cataventos)

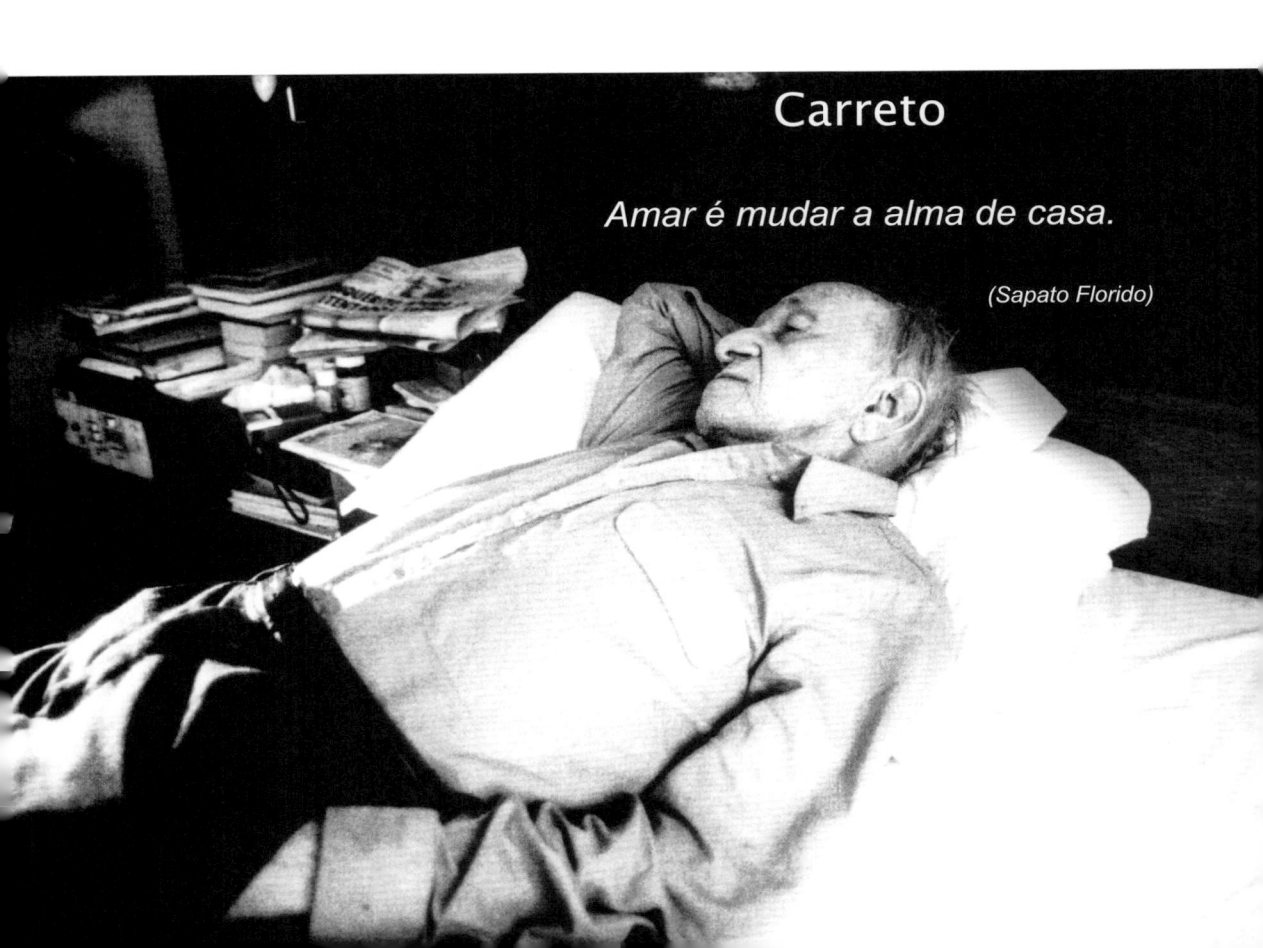

Carreto

Amar é mudar a alma de casa.

(Sapato Florido)

Os Parceiros

Sonhar é acordar-se para dentro:
de súbito me vejo em pleno sonho
e no jogo em que todo me concentro
mais uma carta sobre a mesa ponho.

Mais outra! É o jogo atroz do Tudo ou Nada!
E quase que escurece a chama triste...
E, a cada parada uma pancada,
o coração, exausto, ainda insiste.

Insiste em quê? Ganhar o quê? De quem?
O meu parceiro... eu vejo que ele tem
um riso silencioso a desenhar-se

numa velha caveira carcomida.
Mas eu bem sei que a morte é seu disfarce...
Como também disfarce é a minha vida!

(Apontamentos de História Sobrenatural)

XCVI. Dos Hóspedes

Esta vida é uma estranha hospedaria,
De onde se parte quase sempre às tontas,
Pois nunca as nossas malas estão prontas,
E a nossa conta nunca está em dia...

(Espelho Mágico)

Os Degraus

Não desças, não subas, fica.
O mistério está é na tua vida!
E é um sonho louco este nosso mundo...

(Baú de Espantos)

O Baú

Como estranhas lembranças de outras vidas,
que outros viveram, num estranho mundo,
quantas coisas perdidas e esquecidas
no teu baú de espantos... Bem no fundo,

uma boneca toda estraçalhada!
(isto não são brinquedos de menino...
alguma coisa deve estar errada)
mas o teu coração em desatino

te traz de súbito uma ideia louca:
é ela, sim! Só pode ser aquela,
a jamais esquecida Bem-Amada.

E em vão tentas lembrar o nome dela...
E em vão ela te fita... e a sua boca
Tenta sorrir-te mas está quebrada!

(Esconderijos do Tempo)

I

Quando a luz estender a roupa nos telhados
E for todo o horizonte um frêmito de palmas
E junto ao leito fundo nossas duas almas
Chamarem nossos corpos nus, entrelaçados,

Seremos, na manhã, duas máscaras calmas
E felizes, de grandes olhos claros e rasgados...
Depois, volvendo ao sol as nossas quatro palmas,
Encheremos o céu de voos encantados!...

E as rosas da Cidade inda serão mais rosas,
Serão todos felizes, sem saber por quê...
Até os cegos, os entrevadinhos... E

Vestidos, contra o azul, de tons vibrantes e violentos,
Nós improvisaremos danças espantosas
Sobre os telhados altos, entre o fumo e os cataventos!

(A Rua dos Cataventos)

Fim do Mundo?

Um homem sozinho numa gare deserta
À espera de um trem que nunca vem.
Por fim, vai informar-se no guichê da estação.
Não encontra ninguém...

(Velório sem Defunto)

Eu Escrevi um Poema Triste

Eu escrevi um poema triste
E belo apenas da sua tristeza.
Não vem de ti essa tristeza
Mas das mudanças do tempo,
Que ora nos traz esperanças
Ora nos dá incerteza...
Nem importa, ao velho tempo,
Que sejas fiel ou infiel...
Eu fico, junto à correnteza,
Olhando as horas tão breves...
E das cartas que me escreves
Faço barcos de papel!

(A Cor do Invisível)

M
Mario, a cidade, seus personagens e amigos

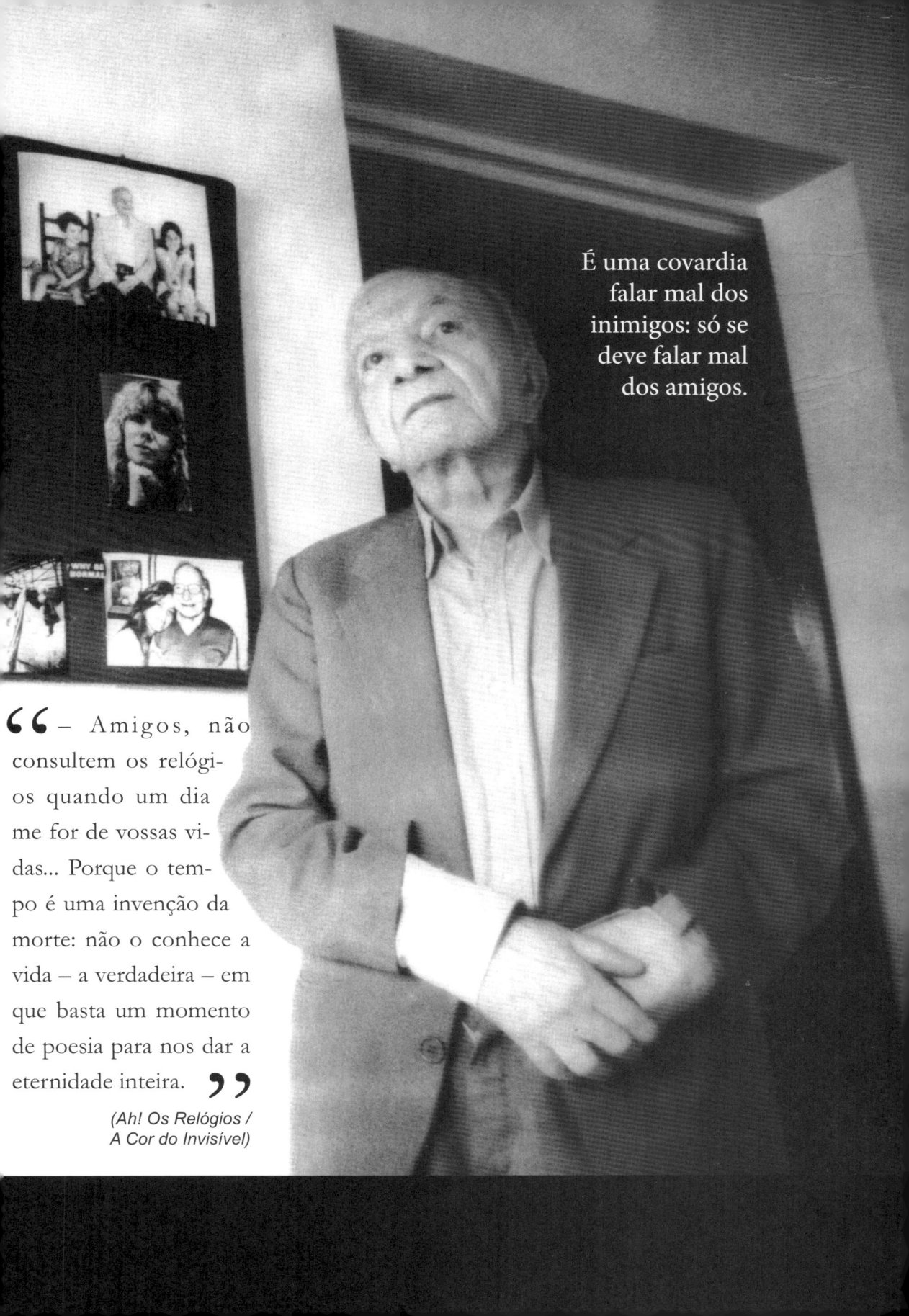

É uma covardia falar mal dos inimigos: só se deve falar mal dos amigos.

> — Amigos, não consultem os relógios quando um dia me for de vossas vidas... Porque o tempo é uma invenção da morte: não o conhece a vida — a verdadeira — em que basta um momento de poesia para nos dar a eternidade inteira.
>
> *(Ah! Os Relógios / A Cor do Invisível)*

> Dizer bobagens areja a alma e faz a gente gozar com a cara do outro.

Manuel Bandeira o apresentou na Academia Brasileira de Letras, com o poema "A Mario Quintana": "Meu Quintana, os teus cantares/ não são, Quintana, cantares/ são, Quintana, quintanares (...)"

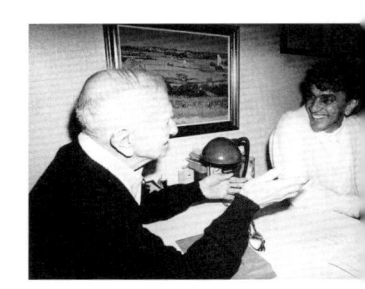

Caetano Veloso visitando o poeta no Hotel Porto Alegre Residence

Erico Verissimo: "Quintana na verdade é um anjo disfarçado de homem."

Paulo Mendes Campos: "Alguns dos teus poemas e muito dos teus versos não precisam estar impressos em tinta e papel: eu os carrego de cor e, às vezes, brotam espontaneamente de mim como se fossem meus, e hás de convir que a glória maior do poeta é conceder essas parcerias anônimas pelo mundo."

Marcelo Coelho afirma: "Mario Quintana foi poeta mais naturalmente poeta desde século. Isto lhe deu popularidade. A lição de alguns franceses – sobretudo Verlaine, Laforgue e Rimbaud – foi-lhe preciosa no sentido de conferir liberdade e graça (a graça é tudo para Quintana) ao seu fazer poético."

Carlos Drummond de Andrade: "Num bar fechado há muitos anos, e cujas portas de aço bruscamente se descerram, encontro, quem eu nunca vira, o poeta Mario Quintana./ Tão simples reconhecê-lo, toda identificação é vã. O poeta levanta seu copo. Levanto o meu. Em lugar algum – coxilha? montanha? vai rorejando a manhã (...)."

Com Elena Quintana, sua sobrinha-neta e amiga de todas as horas. Ela, que sempre cuidou de Mario, agora é herdeira e guardiã de sua obra.

Da esquerda para a direita: Manuel Bandeira, Mario Quintana, Carlos Drummond de Andrade.

Mario discursando em uma das inúmeras homenagens após os 60 anos.

Dedicatória acima:
"Dulcineia, o meu amor é da cor do arco-íris! Nem tens ideia do que acontece dentro de mim, ao me sorrires... Até parece um caso de pura magia."

Luis Fernando Verissimo: "O Mario, além de um grande poeta, era um grande humorista. Ele frequentava bastante a nossa casa e era uma presença quieta e discreta. Minha mãe fazia muitas meias de lã para ele. Tantas que um dia ele observou: 'Acho que a Mafalda pensa que sou uma centopeia'. Uma vez fui levá-lo na casa de Josué Guimarães, e ele teve alguma dificuldade em sair do banco de trás. Disse: 'Como a gente tem perna, né?' Era um obcecado por jogo, e na vez em que foi atropelado pediu urgentemente, ainda do chão, que anotassem o número da placa do carro. Era para jogar na loteria. Nos encontramos no Rio, no Hotel Canadá, na Avenida Nossa Senhora de Copacabana. E ele nos contou que o que mais gostava no Rio eram os túneis, porque dentro dos túneis descansava da paisagem."

Cecília

O nome de Cecília,
Lá no céu
Era, mesmo,
Cecília...

Solau à Moda Antiga

Senhora, eu vos amo tanto
Que até por vosso marido
Me dá um certo quebranto...

(Esconderijos do Tempo)

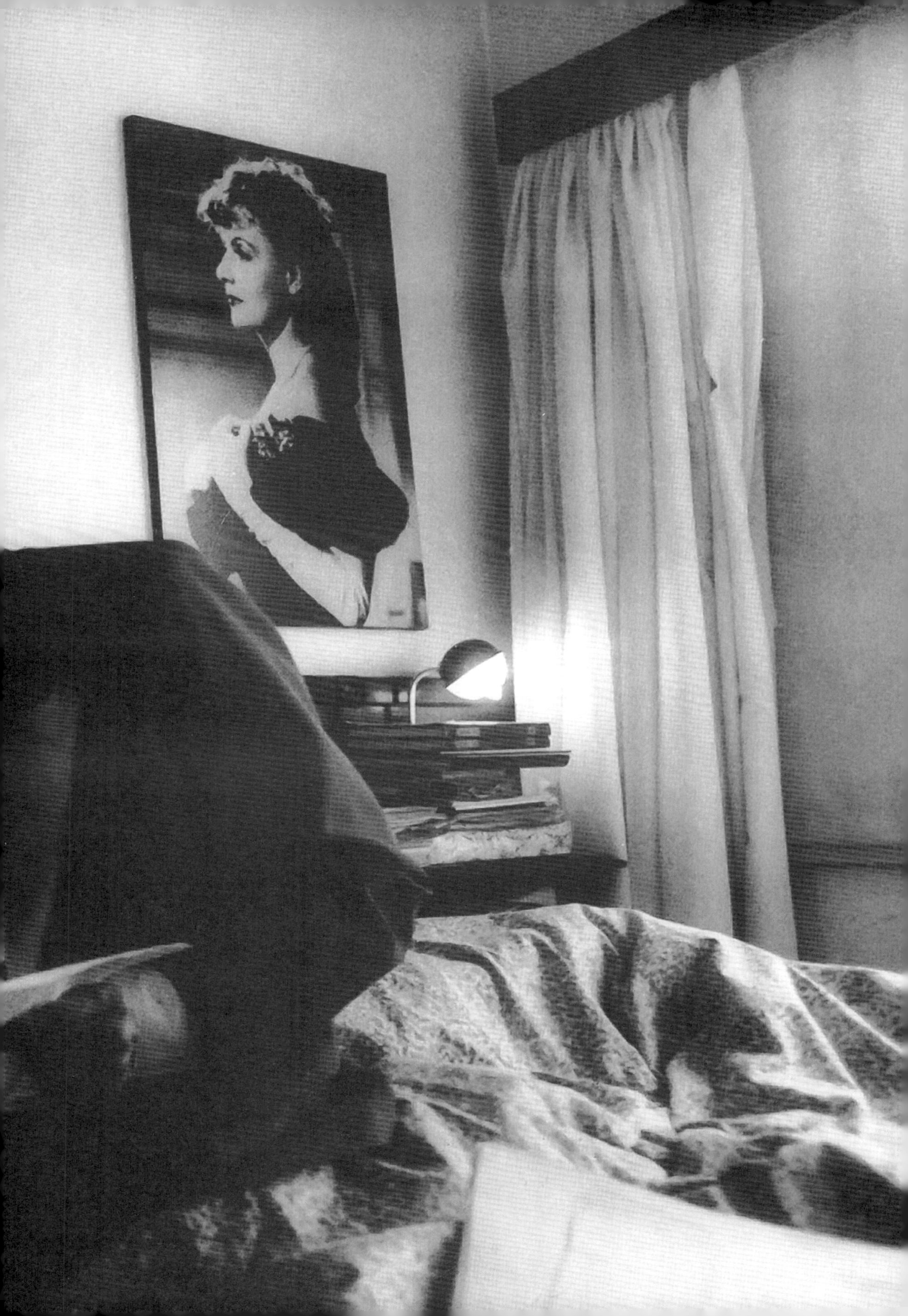

O Mapa

Olho o mapa da cidade
Como quem examinasse
A anatomia de um corpo...

(É nem que fosse o meu corpo!)

Sinto uma dor infinita
Das ruas de Porto Alegre
Onde jamais passarei...

Há tanta esquina esquisita,
Tanta nuança de paredes,
Há tanta moça bonita
Nas ruas que não andei
(E há uma rua encantada
Que nem em sonhos sonhei...)

Quando eu for, um dia desses,
Poeira ou folha levada
No vento da madrugada,
Serei um pouco do nada
Invisível, delicioso

Que faz com que o teu ar
Pareça mais um olhar.
Suave mistério amoroso,
Cidade de meu andar
(Deste já tão longo andar!)

E talvez, de meu repouso...

*(Apontamentos
de História
Sobrenatural)*

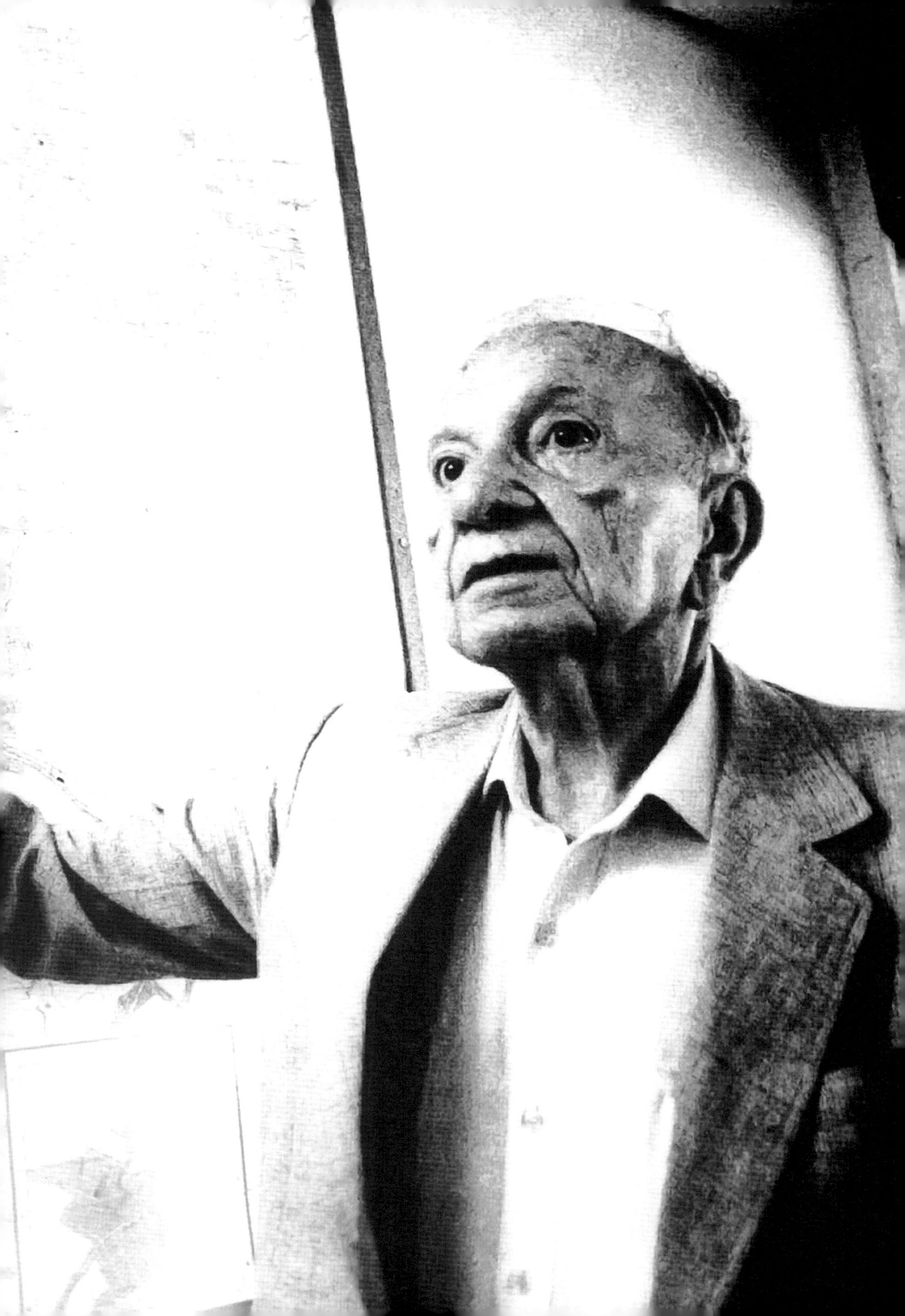

QUASE QUINTANARES

Canção de Outono

O Outono toca realejo
No pátio da minha vida.
Velha canção, sempre a mesma,
Sob a vidraça descida...

Tristeza? Encanto? Desejo?
Como é possível sabê-lo?
Um gozo incerto e dorido
De carícia a contrapelo...

Partir, ó alma, que dizes?
Colhe as horas, em suma...
Mas os caminhos do Outono
Vão dar em parte alguma!

(Canções)

Na revista *Bric-à-Brac*, vejo uma entrevista dada a Alice Ruiz, com a reprodução do seu retrato, que está na contracapa de *Velório Sem Defunto*. "Se eu fosse escultor", digo-lhe, "talvez me dedicasse a modelar rostos de velhos". Quintana comenta: "Conheces a resposta que Lincoln deu a um inimigo que o acusava de ter duas caras? Se eu tivesse duas caras, não usaria esta..."

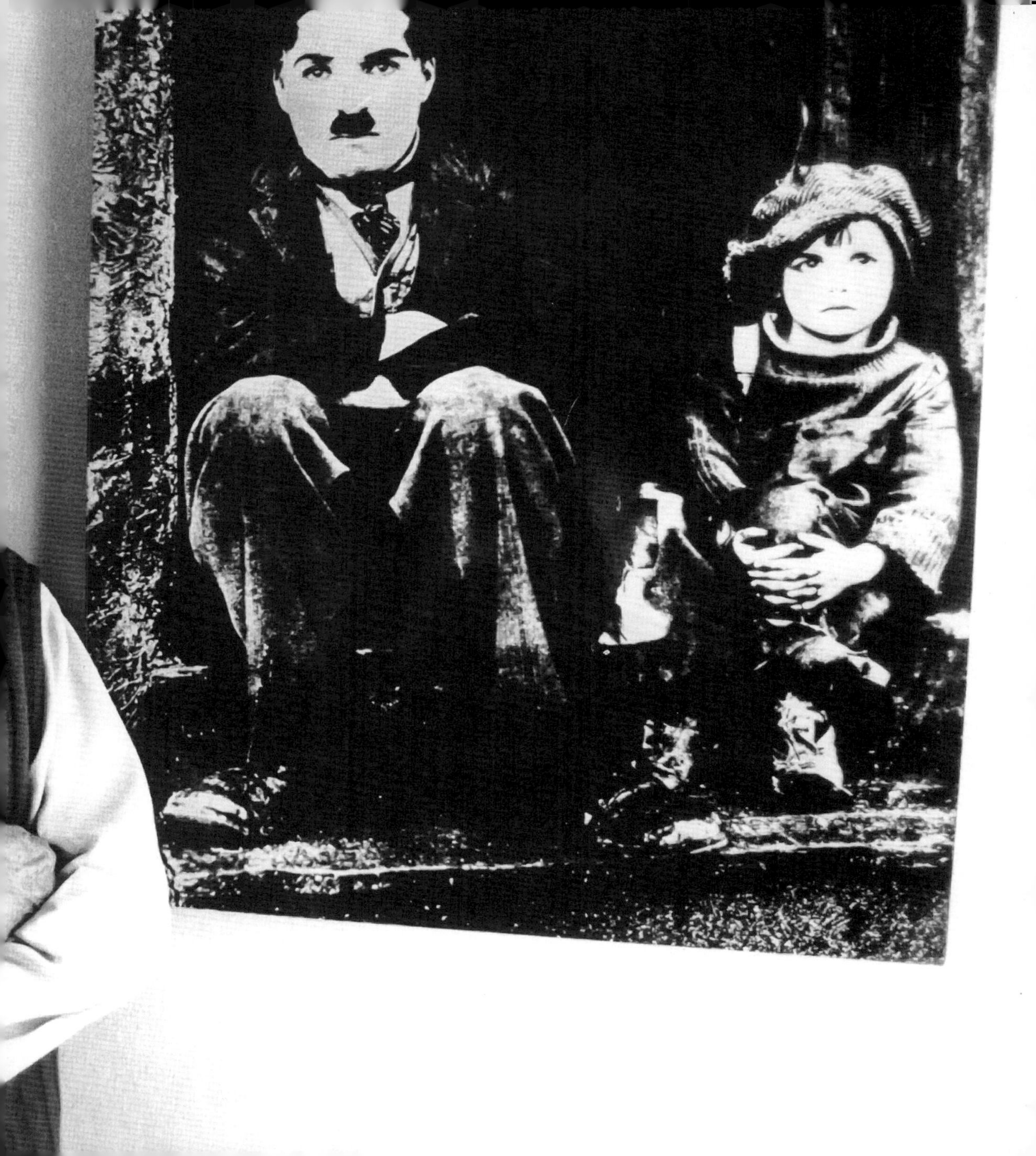

"Faze no teu cantinho
o teu poeminho.
Esse absurdo
de sempre existirem
– poetas apesar de tudo – deve significar
alguma coisa...
Deve ser o fio da vida que vai unindo,
pedaço a pedaço, essa colcha
de retalhos que é a
história do mundo."

Canção de Primavera

Um azul do céu mais alto,
Do vento a canção mais pura
Me acordou, num sobressalto,
Como outra criatura...

Só conheci meus sapatos
Me esperando, amigos fiéis,
Tão afastado me achava
Dos meus antigos papéis!

Dormi, cheio de cuidados
Como um barco soçobrando,
Por entre uns sonhos pesados
Que nem morcegos voejando...

Quem foi que ao rezar por mim
Mudou o rumo da vela
Para que eu desperte, assim,
Como dentro de uma tela?

Um azul do céu mais alto,
Do vento a canção mais pura
E agora... este sobressalto...
Esta nova criatura!

(Apontamentos de História Sobrenatural)

XXVII

Escrevo diante da janela aberta.
Minha caneta é cor das venezianas:
Verde!... E que leves, lindas filigranas
Desenha o sol na página deserta!

Não sei que paisagista doidivanas
Mistura os tons... acerta... desacerta...
Sempre em busca de nova descoberta,
Vai colorindo as horas quotidianas...

Jogos da luz dançando na folhagem!
Do que eu ia escrever até me esqueço...
Pra que pensar? Também sou da paisagem...

Vago, solúvel no ar, fico sonhando...
E me transmuto... iriso-me... estremeço...
Nos leves dedos que me vão pintando.

(A Rua dos Cataventos)

Quem Ama Inventa

Quem ama inventa as coisas a que ama...
Talvez chegaste quando eu te sonhava.
Então de súbito acendeu-se a chama!
Era a brasa dormida que acordava...
E era um revoo sobre a ruinaria,
No ar atônito bimbalhavam sinos,
Tangidos por uns anjos peregrinos
Cujo dom é fazer ressurreições...
Um ritmo divino? Oh! Simplesmente
O palpitar de nossos corações
Batendo juntos e festivamente,
Ou sozinhos, num ritmo tristonho...
Ó! meu pobre, meu grande amor distante,
Nem sabes tu o bem que faz a gente
Haver sonhado... e ter vivido o sonho!

(A Cor do Invisível)

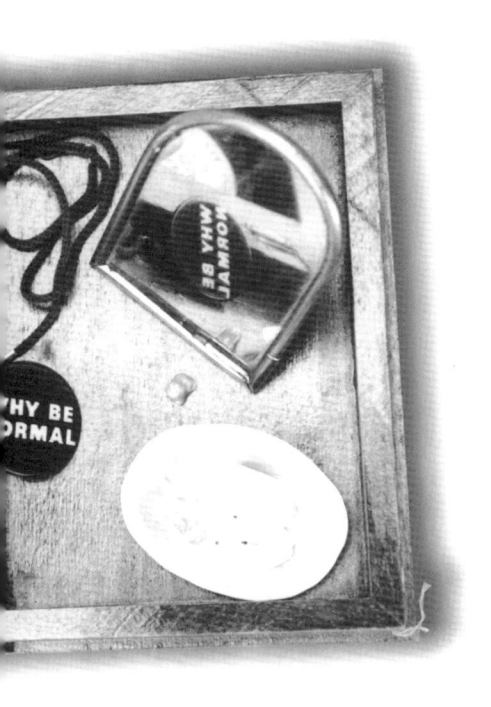

Quando eu me For

Quando eu me for, os caminhos continuarão andando...
E os meus sapatos também!
Porque os quartos, as casas que habitamos,
Todas, todas as coisas que foram nossas na vida
Possuem igualmente os seus fantasmas próprios,
Para alucinarem as nossas noites de insônia!

(Velório Sem Defunto)

Seiscentos e Sessenta e Seis

A vida é uns deveres que nós trouxemos para fazer em casa.
Quando se vê, já são seis horas: há tempo...
Quando se vê, já é sexta-feira...
Quando se vê, passaram 60 anos...
Agora, é tarde demais para ser reprovado...
E se me dessem - um dia - uma outra oportunidade,
eu nem olharia o relógio
seguiria sempre, sempre em frente...

E iria jogando pelo caminho a casca dourada e inútil das horas.

(Esconderijos do Tempo)

XXI

Gadêa... Pelichek... Sebastião...
Lobo Alvim... Ah, meus velhos camaradas!
Aonde foram vocês? Onde é que estão
Aquelas nossas ideais noitadas?

Fiquei sozinho... Mas não creio, não,
Estejam nossas almas separadas!
Às vezes sinto aqui, nestas calçadas,
O passo amigo de vocês... E então
Não me constranjo de sentir-me alegre,

De amar a vida assim, por mais que ela
  nos minta...
E no meu romantismo vagabundo

Eu sei que nestes céus de Porto Alegre
É para nós que inda S. Pedro pinta
Os mais belos crepúsculos do mundo!...

(A Rua dos Cataventos)

i

Infância: a poesia para crianças e adultos

M

Era uma vez uma M poeta
Que um dia, em busca de uma rima,
Caiu de pernas pra cima
E virou um dábliu!
Coisa assim nunca se viu,
Mas é a história verdadeira
de como o dábliu surgiu...

W

II

Dorme, ruazinha... É tudo escuro...
E os meus passos, quem é que pode ouvi-los?
Dorme o teu sono sossegado e puro,
Com teus lampiões, com teus jardins tranquilos...

Dorme... Não há ladrões, eu te asseguro...
Nem guardas para acaso persegui-los...
Na noite alta, como sobre um muro,
As estrelinhas cantam como grilos...

O vento está dormindo na calçada,
O vento enovelou-se como um cão...
Dorme, ruazinha... Não há nada...

Só os meus passos... Mas tão leves são
Que até parecem, pela madrugada,
Os da minha futura assombração...

(A Rua dos Cataventos)

Noturno

Atenção! O luar está filmando...

(Caderno H)

XII.
Das Utopias

Se as coisas são inatingíveis...ora!
Não é motivo para não querê-las...
Que tristes os caminhos, se não fora

A mágica presença das estrelas!

(Espelho Mágico)

Verso Avulso

Senhor! Que buscas Tu pescar com a rede das estrelas?

(Caderno H)

do Livro
PÉ DE PILÃO:

O pato ganhou sapato,
Foi logo tirar retrato.
O macaco retratista
era mesmo um grande artista.

do Livro
O BATALHÃO DAS LETRAS:

O E da nossa ESPERANÇA
Que é também o nosso ESCUDO
É o mesmo E das ESCOLAS
Onde se aprende tudo.

Quem diz que ama a POESIA
E não a sabe fazer
É apenas um POETA inédito
Que se esqueceu de escrever...

Com um X se escreve XÍCARA,
Com X se escreve XIXI.
Não faças xixi na xícara...
o que irão dizer de ti?!

CANÇÃO DE NUVEM E VENTO

Medo da nuvem
Medo Medo
Medo da nuvem que vai crescendo
Que vai se abrindo
Que não se sabe
O que vai saindo
Medo da nuvem Nuvem Nuvem
Medo do vento
Medo Medo
Medo do vento que vai ventando
Que vai falando
Que não se sabe
O que vai dizendo
Medo do vento Vento Vento
Medo do gesto
Mudo
Medo da fala
Surda
Que vai movendo
Que vai dizendo
Que não se sabe...
Que bem se sabe
Que tudo é nuvem que tudo é vento
Nuvem e vento Vento Vento!

CANÇÃO DE JUNTO DO BERÇO

Não te movas, dorme, dorme
O teu soninho tranquilo.
Não te movas (diz-lhe a Noite)
Que inda está cantando um grilo...
Abre os teus olhinhos de ouro
(O Dia lhe diz baixinho).
É tempo de levantares
Que já canta um passarinho...

Sozinho, que pode um grilo
Quando já tudo é revoada?
E o Dia rouba o menino
No manto da madrugada...

CANÇÃO DA CHUVA E DO VENTO

Dança, Velha. Dança. Dança.
Põe um pé. Põe outro pé.
Mais depressa. Mais depressa.
Põe mais pé. Pé. Pé.

Upa. Salta. Pula. Agacha.
Mete pé e mete assento.
Que o velho agita, frenético,
O seu chicote de vento.

Mansinho agora... mansinho
Até de todo caíres...
Que o Velho dorme de velho
Sob os arcos do Arco-Íris.

Caso Clínico

O Destino é o acaso atacado de mania de grandeza.

MENTIRA?

A mentira é uma verdade que se esqueceu de acontecer.

Incorrigível

O fantasma é um exibicionista póstumo.

Esvaziamento

Cidade grande: dias sem pássaros, noites sem estrelas.

O pior

O pior dos problemas da gente é que ninguém tem nada com isso.

Parada KM 77

...até onde irá a procissão de postes, unidos, pelos fios, à mesma solidão?

As pessoas sem imaginação podem ter tido as mais imprevistas aventuras, podem ter visitado as terras mais estranhas. Nada lhes ficou. Nada lhes sobrou. Uma vida não basta apenas ser vivida: também precisa ser sonhada.

(Do livro *Lili Inventa o Mundo /Poemas para a Infância*)

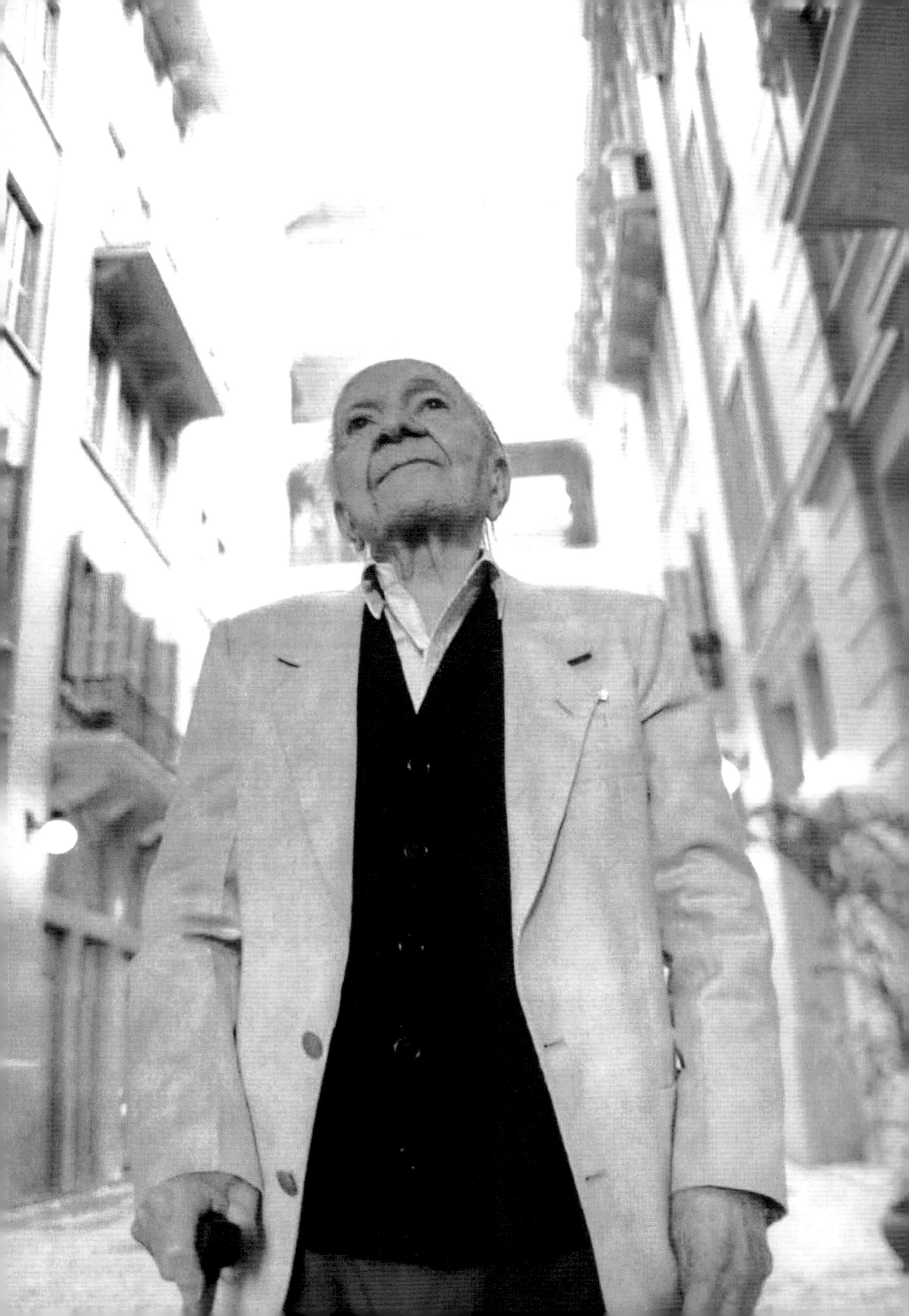

E é tão puro o silêncio agora!

VIDA E OBRA

*Compilação de
Armindo Trevisan*

1906

No dia 30 de julho, nasce Mario Quintana na cidade de Alegrete, quarto filho de Celso de Oliveira Quintana e de Virgínia de Miranda Quintana. A respeito de seu nascimento escreve o poeta: "No calendário chinês sou cavalo; no ocidental, leão e, no asteca, chuva". Segundo declarou, preferia ser chuva... E acrescenta com humor: "Nasci prematuramente e fazia um grau abaixo de zero. Eram oito horas da noite quando meu pai chamou minha irmã e meu irmão para dizer que eu havia nascido. Eles pediram quatro vinténs para comprar rapadura. Foram ao mercado da esquina, que estava quase fechando. Por isso souberam da hora."

Sobre sua cidade, declarou (em 25-12-73): "(...) Alegrete – onde floriram os meus primeiros versos – foi o ponto de partida da minha poesia".

1913
Fato importante na vida do poeta: aprende a ler.

1914
Ingressa na Escola Elementar de Dona Mimi Contino.

1915
Começa a frequentar a escola dirigida pelo mestre português Antônio Cabral Beirão. Conclui ali o curso primário.

1919
Matricula-se no Colégio Militar de Porto Alegre, em regime de internato. Sobre essa experiência confessou: "Quando estava no Colégio Militar só estudava Português, Francês e História. O resto absolutamente não me interessava. Era sempre reprovado em Matemática porque só assinava as provas". Quanto ao Francês, explica: "Meu pai foi conspirador da Revolução de 23. Então, para os criados (aquele era um tempo de vacas gordas em que a casa vivia cheia de criados, agregados e tias velhas) não entenderem as conspirações e também as coisas íntimas, falava-se em francês."

1924
Deixa o Colégio Militar. Trabalha, durante três meses, como caixeiro na Livraria do Globo.

1925
Regressa à sua cidade natal. Trabalha na farmácia com o pai e se diverte produzindo limonada de citrato de magnésio...

1926
Morte da mãe. Retoma o trabalho na Livraria do Globo, em Porto Alegre. Obtém o seu primeiro prêmio literário num concurso, promovido pelo *Diário de Notícias*, com o conto: "A Sétima Personagem".

1927
Morte do pai. É publicada no Rio de Janeiro uma poesia de sua autoria na revista "Para Todos", por iniciativa de Álvaro Moreyra, futuro autor das crônicas de *As Amargas, Não...* (1954).

1929

Integra a equipe de redação de o *Estado do Rio Grande*, órgão de oposição, dirigido por Raul Pilla.

1930

Divulga poemas no *Correio do Povo* e na *Revista do Globo*. Como voluntário do 7.º Batalhão de Caçadores, participa na Revolução de 30. Permanece seis meses no Rio de Janeiro, onde conhece Cecília Meireles, que na ocasião coordenava o "Suplemento Literário" do *Diário do Rio de Janeiro*. Sobre a autora de *Romanceiro da Inconfidência,* diz Quintana: "O único poeta puro que conheci. Ela era a poesia em pessoa". Novamente, em Porto Alegre reassume suas funções em *O Estado do Rio Grande*.

1934

Realiza traduções para a Editora Globo, que publica seu primeiro trabalho no gênero: *Palavras e Sangue*, de Giovanni Papini. Acerca de sua atividades na Editora, observa: "Como há males que vêm para bem, os Estados Unidos ganharam a Guerra, e eu com ela. Todo mundo começou a estudar inglês – como ainda hoje –, mas o Érico (Veríssimo) lembrou que eu era o único conhecido que falava Francês e me chamou para a Editora Globo". Quintana traduz Emil Ludwig, Lin Yutang, Charles Morgan, Guy de Maupassant, André Gide, Virgínia Woolf, Aldous Huxley, Joseph Conrad e outros. Suas versões de Proust são consideradas obras-primas. Autoironizando-se, comenta o poeta sobre *Em Busca do Tempo Perdido*: "Uma barbaridade traduzir aqueles períodos que dão volta na esquina e não se sabe onde vão parar".

1940

Data marcante: estreia, em livro, pela Editora Globo, com *A Rua dos Cataventos*, coletânea de 35 sonetos. Sobre essa obra, escreveu Fausto Cunha: "Este é, sem dúvida, um dos livros mais belos da poesia brasileira".

1943

Inicia a publicação de crônicas poéticas (prosopoemas?) na revista *Província de São Pedro*, sob o título *Do Caderno H*. Por que tal título? "Caderno H porque todas as coisas acabavam sendo escritas na última hora, na hora H, na hora final".

1946

Publicação de *Canções*, pela Editora Globo.

1948

Dois novos livros: *Sapato Florido* e *O Batalhão das Letras*, este de poemas infantis, pela Editora Globo.

1950

É publicado *O Aprendiz de Feiticeiro*, pela Editora Fronteira, de Porto Alegre.

1951

Publicação de *Espelho Mágico*, coleção de quartetos, com apresentação de Monteiro Lobato, pela Editora Globo.

1953

Cadernos do Extremo Sul, de Alegrete, editam *Inéditos e Esparsos*. Quintana torna-se colaborador permanente do *Correio do Povo*, onde publica, semanalmente, "Do Caderno H", até 1967.

1962

Sob o patrocínio da Divisão de Cultura da Secretaria de Educação e Cultura do Rio Grande do Sul, a Editora Globo Lança *Poesias*, reunião de suas obras poéticas até a data: *A Rua dos Cataventos, Canções, Sapato Florido, Espelho Mágico, O Aprendiz de Feiticeiro*.

1963

Lançamento de um disco, com poemas interpretados pelo próprio autor.

1966

A Editora do Autor, com sede no Rio de Janeiro, publica *Antologia Poética*, com textos também inéditos, seleção de textos e organização de Rubem Braga e Paulo Mendes Campos. No dia 25 de agosto, o poeta é recepcionado na Academia Brasileira de Letras, sendo saudado por Augusto Meyer e Manuel Bandeira. Este recita, em sua homenagem, o poema que principia assim:

> "Meu Quintana, os teus cantares
> Não são, Quintana, cantares:
> São, Quintana, quintanares".

Quintana recebe o Prêmio Fernando Chinaglia, atribuído ao "melhor livro do ano", por sua *Antologia Poética*.

Ao completar 60 anos em 30 de julho, a revista *Manchete* traz, no espaço reservado à crônica de Paulo Mendes Campos, uma "Carta a Mario Quintana", de autoria do poeta e cronista mineiro, na qual este diz entre outros elogios ao autor de *A Rua dos Cataventos*: "Alguns de teus versos não precisam estar impressos em tinta e papel: eu os carrego de cor e às vezes eles brotam de mim como se fossem meus. De certo modo, eles são meus, e hás de convir comigo que a glória melhor de um poeta é conceder essas parcerias anônimas pelo mundo...".

1967

Quintana é homenageado com o título de Cidadão Honorário de Porto Alegre, conferido pela Câmara de Vereadores. Ao agradecer o título, o poeta surpreende os participantes da cerimônia com uma observação de fino *humour*: "Antes ser poeta era uma agravante, depois passou a ser uma atenuante, mas, diante disso, vejo que ser poeta é agora credencial". "Do caderno H" é publicado no suplemento literário do *Correio do Povo*, até 1980.

1968

A prefeitura de Alegrete decide gravar em bronze as palavras com que o poeta se esquivou a uma homenagem em sua terra natal: "Um engano em bronze é um engano eterno". A placa foi instalada no centro da praça principal da cidade. Falece seu irmão mais velho, Milton.

1973

Publicação de *Caderno H*, uma seleção de crônicas feita pelo próprio autor, pela Editora Globo. Paulo Ronai disse a respeito desse livro: "Espécimes da melhor prosa que se escreve entre nós, provam a utilidade da poesia e dos poetas".

1975

Em coedição com o Instituto Estadual do Livro / DAC / SEC, a Editora Garatuja, de Porto Alegre, lança *Pé de Pilão*, poemas infantojuvenis. Na "Introdução" ao livro, diz Erico Verissimo: "Descobri outro dia que o Quintana na verdade é um anjo disfarçado de homem. Às vezes, quando ele se descuida ao vestir o casaco, suas asas ficam de fora."

1976

Ao completar 70 anos, o poeta é homenageado com a medalha Negrinho do Pastoreiro, do Governo do Rio Grande do Sul. Publica *Apontamentos de História Sobrenatural*, pela Editora Globo, em convênio com o Instituto Estadual do Livro / DAC / SEC. A MPM Propaganda oferece, como brinde de fim de ano, uma seleção de seus poemas com o título: *Quintanares*.

1977

Lançamento de *A Vaca e o Hipogrifo,* pela Editora Garatuja. Quintana obtém o Prêmio Pen Clube de Poesia Brasileira com *Apontamentos de História Sobrenatural.*

1978

Morte de sua irmã Marieta Quintana Leães. É lançada pela Editora Globo uma antologia paradidática, *Prosa e Verso.* É traduzido para o inglês o *Caderno H,* sob o título de *Chen Me Up Slowly,* pelas professoras Maria da Glória Bordini e Diane Grosklaus (publicação pela Editora Globo).

1979

Lançamento de *Na Volta da Esquina*, antologia de textos em prosa e verso (4.° volume da Coleção RBS – Editora Globo). Publica-se, em Buenos Aires, *Objectos Perdidos y Otros Poemas*, versões de Estela dos Santos, com introdução e notas de Santiago Kovadloff.

1980

Publicação de *Esconderijos do Tempo* pela LPM Editores. Quintana é distinguido com o Prêmio Machado de Assis, da Academia Brasileira de Letras, pelo conjunto de sua obra.

1981

Reinicia a publicação de Caderno H em "Letras e Livros", suplemento literário do *Correio do Povo*, até 1984, quando o jornal encerra temporariamente suas atividades. Lançamento de *Nova Antologia Poética*, pela Codecri, do Rio de Janeiro.

1982

No dia 29 de outubro, a Universidade Federal do Rio Grande do Sul concede-lhe o título de "Doutor Honoris Causa".

1983

Publicação, pela Editora Global, de São Paulo, de *Os Melhores Poemas de Mario Quintana*, selecionados por Fausto Cunha. Na III Festa Nacional do Disco, em Canela, é apresentado um álbum duplo, intitulado *Antologia Poética de Mario Quintana*, da Gravadora Polygram, com poemas de *Apontamentos de História Sobrenatural* e *Do Caderno H*. O crítico Fausto Cunha pergunta-se: "O que é melhor, ler ou ouvir Quintana?" Responde o crítico: "Eu diria que, **lendo**, a gente se defende melhor das armadilhas visuais do poeta (eis que curiosamente Quintana é também um poeta visual). **Ouvindo**, ele parece ganhar uma dimensão nova. Mais que um texto, cada poema é uma revelação." Lançamento de *Lili Inventa o Mundo*, seleção de textos de Mery Weiss, pela Editora Mercado Aberto, de Porto Alegre. Através de lei promulgada em 8 de julho de 1983, o prédio do antigo Hotel Majestic, onde o poeta residiu de 1967 a 1980 – já tombado como patrimônio histórico do Estado, no ano anterior – passa a denominar-se Casa de Cultura Mario Quintana. Foi nesse hotel que Erico Verissimo passou sua lua de mel. Nele também costumavam hospedar-se Getúlio Vargas, Oswaldo Aranha e João Goulart.

1984

Publicação de *Nariz de Vidro*, com textos escolhidos por Mery Weiss, pela Editora Moderna, de São Paulo. Sai a 2.ª edição de *O Batalhão das Letras*, pela Editora Globo. Por ocasião da XXX Feira do Livro de Porto Alegre, é lançado *O Sapo Amarelo*, publicação da Editora Mercado Aberto.

1986

Quintana completa 80 anos. Lançamento de *Coletânea 80 Anos de Poesia*, pela Editora Globo. Inaugura-se a exposição: "Quintana dos 8 aos 80 Anos" no Museu de Arte do Rio Grande do Sul. O poeta recebe o título de "Doutor Honoris Causa" da Universidade do Vale do Rio dos Sinos (Unisinos) e da Pontifícia Universidade Católica do Rio Grande do Sul (PUCRS). Publicação de *Baú de Espantos*, pela Editora Globo (versos do autor quando jovem – dos 12 aos 17 anos – e poemas inéditos – 1982 – 1986). Dentre as muitas mensagens de congratulações que lhe são endereçadas, destaca-se a do cronista Rubem Braga: "Desde o seu primeiro livro, *A Rua dos Cataventos*, de 1940, Mario Quintana é um grande poeta nacional, dos mais genuínos que o Brasil já teve e tem. Seus 80 anos são uma festa para todo o país."

1987

Novo livro: *Da Preguiça como Método de Trabalho*, pela Editora Globo, com textos do "Caderno H". Lançamento de *Preparativos de Viagem*, uma reflexão sobre o mundo. A Editora Globo reedita *Poesias* (7.ª edição) e *Apontamentos de História Sobrenatural* (4.ª edição).

1988

Publicação de *Porta Giratória*, pela Editora Globo, Rio de Janeiro.

1989

Nova coletânea de poemas: *A Cor do Invisível*, pela Editora Globo, Rio de Janeiro.

O poeta é distinguido com o título de Doutor Honoris Causa pela Universidade de Campinas (UNICAMP) e pela Universidade Federal do Rio de Janeiro (UFRJ).

1990

Publicação de *Velório Sem Defunto*, com poemas inéditos, pela Editora Mercado Aberto, de Porto Alegre.

1991

O poeta divulga na revista *Veja* (31.07.1991 – secção Rio Grande do Sul) um depoimento intitulado: "A Cidade Guardada na Memória", onde evoca personagens históricos e folclóricos de Porto Alegre.

1993

Seu texto *Lili Inventa o Mundo* é adaptado por Dilmar Messias ao teatro infantil. No dia do seu aniversário, o Madrigal de Porto Alegre estreia o recital "Quintanares", um conjunto de 13 poemas musicados pelo compositor e maestro Gil de Roca Sales.

1994

A revista literária canadense *Liberté*, de Montreal (Quebec), inclui textos de sua autoria no número 211, dedicado à literatura brasileira. Publicação de *Sapato Furado*, antologia de poemas e prosas poéticas infantojuvenis, pela Editora FTD. Lançamento pelo IEL de *Cantando o Imaginário do Poeta*, poemas musicados pelo maestro Adroaldo Cauduro, regente do Coral da Casa de Cultura Mario Quintana, em cujo teatro é apresentado o espetáculo homônimo.

Trabalha até poucos dias antes de morrer, aos 87 anos, no dia 5 de maio, no Hospital Moinhos de Vento, em Porto Alegre.

No dia 5 de maio, falece o poeta no Hospital Moinhos de Vento, na cidade Porto Alegre. Mais de 22 mil pessoas desfilam diante de seu corpo, velado no Salão Júlio de Castilhos da Assembleia Legislativa do Rio Grande do Sul. É sepultado no Cemitério São Miguel e Almas.

BIBLIOGRAFIA DE MARIO QUINTANA

A Rua dos Cataventos. Porto Alegre, Globo, 1940.
Canções. Porto Alegre, Globo, 1946.
O Batalhão das Letras. Porto Alegre, Globo, 1948.
Sapato Florido. Porto Alegre, Globo, 1948.
O Aprendiz de Feiticeiro. Porto Alegre, Edições Fronteira, 1950.
O Espelho Mágico. Porto Alegre, Globo, 1951.
Inéditos e Esparsos. Alegrete, Cadernos do Extremo Sul, 1953.
Poesias. Porto Alegre, Globo, 1962 (reunião dos cinco primeiros livros: *A Rua dos Cataventos; Canções; Sapato Florido; Espelho Mágico; O Aprendiz de Feiticeiro*).
Antologia Poética (com poemas inéditos). Seleção de Rubem Braga e Paulo Mendes Campos. Rio de Janeiro, Editora do Autor, 1966.
Pé de Pilão. Petrópolis, Vozes, 1968.
Caderno H. Porto Alegre, Globo, 1973.

Apontamentos de História Sobrenatural. Porto Alegre, Instituto Estadual do Livro-Globo, 1976.
Quintanares (obra poética completa). 4.ª ed. Porto Alegre, Globo, 1976. Edição de luxo de Poesias para a MPM Propaganda.
A Vaca e o Hipogrifo. Porto Alegre, Garatuja, 1977.
Prosa e Verso (antologia). Porto Alegre, Globo, 1978.
Chew Me Up Slowly (versão para o inglês do *Caderno H*). (Trad. de Maria da Glória Bordini e Diane Grosklaus). Porto Alegre, Globo-Riocell, 1978.
Na Volta da Esquina. Porto Alegre, RBS-Globo, 1979.
Objectos Perdidos y Otros Poemas (antologia bilíngue. Estudio Introductorio, notas y selección de Santiago Kovadloff. Trad. de Estela dos Santos). Buenos Aires, Calicanto, 1979.
Esconderijos do Tempo. Porto Alegre, LPM, 1980.
Nova Antologia Poética. Rio de Janeiro, Codecri, 1981.
Mario Quintana: Os melhores poemas. Seleção de Fausto Cunha. São Paulo, Global, 1983.
Lili Inventa o Mundo. Porto Alegre, Mercado Aberto, 1983.
Diário Poético. Porto Alegre, Globo, 1985.
Nariz de Vidro. Seleção de Mery Weiss. São Paulo, Moderna, 1984.
O Sapo Amarelo. Seleção de Mery Weiss. Porto Alegre, Mercado Aberto, 1984.
Primavera Cruza o Rio. Porto Alegre, Globo, 1985.
Baú de Espantos. Porto Alegre, Globo, 1986.
80 Anos de Poesia (antologia). Porto Alegre, Globo,1996.
Da Preguiça como Método de Trabalho. Rio de Janeiro, Globo, 1987.
Preparativos de Viagem. Rio de Janeiro, Globo, 1987.
Porta Giratória. Rio de Janeiro, Globo, 1988.
A Cor do Invisível. Rio de Janeiro, Globo, 1989.
Velório Sem Defunto. Porto Alegre, Globo, 1990.
Sapato Furado. Porto Alegre, FTD, 1994.
Água – Os últimos textos de Mario Quintana, Porto Alegre, Artes e Ofícios, Edição trilíngue, 2001.
Mario Quintana-Poesia Completa. Org. Tânia Carvalhal. Rio de Janeiro, Editora Nova Aguilar, 2005.
Braille Quintana – Coleção Mario Quintana para a Infância. Porto Alegre, Editora Aprata, 2009.
Quintana de Bolso (Rua dos Cataventos e outros poemas). Seleção de Sergio Faraco. Porto Alegre, LPM, 2011.

Autores

ARMINDO TREVISAN nasceu em Santa Maria (RS), 6 de setembro de 1933.

Doutorou-se em Filosofia pela Universidade de Fribourg, Suíça, com a tese "Ensaio sobre o Problema da Criação em Bergson" (1963) Foi, por duas vezes, bolsista da Fundação Calouste Gulbenkian, em Lisboa: 1969-1970, e 1974–1975. Foi Professor Adjunto de História da Arte e Estética na Universidade Federal do Rio Grande do Sul, em Porto Alegre, de 1973 a 1986.

Lecionou no Curso de Pós-Graduação em Artes Visuais da mesma Universidade. Sua obra inclui diversos livros de poesias premiados, além de ensaios e crítica de arte. Em 1964, obteve o Prêmio Nacional de Poesia "Gonçalves Dias", da União Brasileira de Escritores, pelo livro *A Surpresa de Ser*. A comissão julgadora constituída por Carlos Drummond de Andrade, Manuel Bandeira e Cassiano Ricardo foi considerada "o júri mais rigoroso e credenciado já organizado no Brasil", segundo Moysés Vellinho. Em novembro de 1972, foi-lhe atribuído, entre mais de 150 obras concorrentes, o "Prêmio Nacional de Brasília", para poesia inédita, pelo original *O Abajur de Píndaro*.

Em novembro de 1984, a convite da Fundação Gulbenkian, realizou uma série de 7 conferências sobre Cultura e Arte do Brasil nas Universidades de Lisboa e do Porto, e na sede da própria Fundação. Em 1986 estagiou na Universidade de Sevilha, Espanha, como Bolsista do CNPq; proferiu ali diversas conferências. Em 1991, visitou o México, tendo realizado conferências em San Antonio, Texas, no Simpósio "The Community Heritage in the Spanish Americas".

Em 1997, seu livro *A Dança do Fogo* recebeu o PRÊMIO DE LITERATURA APLUB (Associação dos Profissionais Liberais Universitários do Brasil). Tem obras poéticas e ensaios traduzidos e publicados em inglês, alemão, italiano e espanhol, além de participar de diversas coletâneas no exterior.

Em 2001, foi Patrono da Feira do Livro de Porto Alegre. Em 2004, obteve o prêmio "Fato Literário", concedido pela RBS-BANRISUL, após votação de mais de 150 intelectuais gaúchos. No dia 11 de dezembro de 2012, recebeu o "Prêmio Alceu Amoroso Lima – Poesia e Liberdade", concedido pelo Centro Alceu Amororo Lima para a Liberdade, cuja sede é na cidade de Petrópolis, RJ.

Tem 17 livros de poemas, 15 Ensaios, sendo os mais conhecidos *Como Apreciar a Arte, O Rosto de Cristo – A Formação do Imaginário e da Arte Cristã*".

Em 2014 lançou pela AGE o livro *Uma Viagem Através da Idade Média*.

DULCE HELFER nasceu em Santa Cruz do Sul (RS). Fotógrafa, trabalhou no jornal *Zero Hora*, em Porto Alegre, de 1985 a 2011, e na Secretaria de Cultura do RS de 1985 a 1990, onde participou com os escritores Tabajara Ruas e Carlos Urbim do jornal cultural chamado *O Continente*, do qual foi editora de fotografia. Fez dezenas de exposições individuais e coletivas e recebeu 24 prêmios, entre eles três internacionais: da Sociedad Interamericana de Prensa, dois Prêmios Press, como melhor fotógrafa do RS, Prêmio Nacional de Direitos Humanos, Prêmio de Fotografia do Banco Itaú e Prêmio de Cultura Joaquim Felizardo.

Nos últimos 26 anos, tem trabalhado também com músicos e escritores. Fotografou com exclusividade para artistas como The Cure, B. B. King, Roberto Carlos, Avril Lavigne, Zizi Possi, Fernanda Montenegro, entre outros grandes nomes. Fotografou para capas de CDs, DVDs e para divulgação de músicos brasileiros, entre eles Tribo de Jah, Borghetinho, Belchior, Antonio Villeroy, Jazz 6 (de Luis Fernando Verissimo), Jorginho do Trumpete, Pato Banton (jamaicano), Tangos e Tragédias, Macalé e dezenas de outros. Também participou com textos e fotos em 48 livros, sendo 15 sobre Mario Quintana, de quem foi grande amiga, assim como de Rubem Braga, com o qual viajou a várias capitais brasileiras com uma exposição fotográfica, que acompanhou o "Projeto Encontro Marcado".

Na área de cinema, trabalhou com David Lynch na estada dele em Porto Alegre e fez *still* e *making off* em filmes dos diretores Tabajara Ruas, Beto Souza e Roberto Gervitz.

No Theatro São Pedro realizou diversas exposições, entre elas, "Paris.. Paris.." e "Amazônia: Tão Perto tão Longe".

Tem textos publicados no jornal *Zero Hora*, onde, entre outros, escreveu e publicou as fotos sobre a Amazônia no Caderno de Cultura e também sobre as cidades mexicanas de Tequila e Guadalajara. Expôs na Usina do Gasômetro fotos do México no ano em que a Bienal do Mercosul homenageava esse país. Também tem textos e fotos na obra *Mario* sobre Mario Quintana, com Armindo Trevisan e Tabajara Ruas e no livro *Seminários Espetaculares*, com a Associação Psicanalítica de Porto Alegre, para a qual fez palestra junto com Moacyr Scliar no auditório da Casa de Cultura Mario Quintana.

Foi palestrante na Feira do Livro de Gravataí, ao lado do crítico musical e jornalista Juarez Fonseca, no auditório do SESC. Fez acompanhamento fotográfico no Cânion de Itaimbezinho, em Cambará do Sul, abrindo o Projeto Engenho de Arte, da Pousada do Engenho de São Francisco de Paula. Participou com trabalhos fotográficos do leilão do MAC e da Mostra de Arte em Prol do Bicho de Rua, ONG de que é colaboradora, assim como do "Chicote Nunca Mais", que recupera cavalos maltratados, para o qual fez fotos destinadas a agendas e calendários.

Abriu o projeto "Due Arti", em Atlântida, expondo seu trabalho junto com as obras de Britto Velho. Participou do Canela Foto Workshops, com exposição coletiva de mulheres no Palácio das Hortências, realizou a Mostra sobre Luis Fernando Verissimo, "Luis Fernando Muito Verdadeiro", no Centro Cultural CEEE Erico Verissimo.

Neste ano de 2014 participou de exposição do MACRS na Casa de Cultura Mario Quintana, com foto que permanece no acervo do Museu, trabalhou no filme *Mãos de Cavalo*, com a atriz Mariana Ximenes, publicou fotos no livro *Dicionário Luis Fernando Verissimo*, lançado pela OPUS e pelo Grupo Zaffari, participou das exposições sobre Mario Quintana "Vinte ver Quintana", no Shopping Praia de Belas, e do escritor Caio Fernando Abreu, no CCC Erico Verissimo, e expôs pelo segundo ano consecutivo em Paris, na homenagem ao Estado do Rio Grande do Sul, organizada pela Association Sol do Sul.

TABAJARA RUAS nasceu em Uruguaiana, no Rio Grande do Sul, em 1942. Cursou Arquitetura na UFRGS.

Dez anos de sua vida, de 1971 até 1981, foram passados no exílio, no Uruguai, Chile, Argentina, Dinamarca, em São Tomé e Príncipe e em Portugal. Escritor e cineasta, entre diversos títulos e homenagens à sua obra, Tabajara foi condecorado em 2004, em Brasília, com a Ordem do Mérito Judiciário do Trabalho, no grau de Comendador. Pesquisa realizada pela Editora da UFRGS com 40 críticos e intelectuais (publicada pelo jornal *Zero Hora*) escolheu Tabajara Ruas como um dos dez maiores romancistas do Estado.

Seu livro de estreia, *A Região Submersa*, 1978, foi publicado primeiramente em Portugal e na Dinamarca. Após a estreia, seguiu-se *O Amor de Pedro por João* 1981, escrito na Dinamarca. Em 1985, publicou *Os Varões Assinalados*, saudado pela crítica como um épico exemplar, um dos Trinta Livros Inesquecíveis publicados nos últimos trinta anos em todo o mundo, segundo o jornal *Zero Hora*. O quarto romance, *Perseguição e Cerco a Juvêncio Gutierrez*, 1990, foi considerado um dos "20 personagens do século 20 na literatura rio-grandense" pelo Caderno de Cultura de ZH em 1999.

Com *Netto Perde sua Alma*, 1995, recebeu o Prêmio Açorianos de Literatura – Melhor Romance; e foi considerado "um dos 10 melhores personagens da literatura gaúcha" na escolha da revista *Aplauso*. Em 1997, lançou *O Fascínio* e em 2008, *O Detetive Sentimental*. Seus romances foram publicados na Argentina, Colômbia, Uruguai, Chile, Portugal, Espanha, França, Dinamarca e Itália. Publicou os ensaios *Sombras e Luzes*, 1992, e *A Cabeça de Gumercindo Saraiva*, escrito com Elmar Bones, publicado no Brasil e Uruguai, livro mais vendido na Feira do Livro de Porto Alegre em 1997. Em 2006 iniciou a trilogia juvenil *Diogo e Diana*.

Escreveu histórias em quadrinhos para Flávio Colin e Edgar Vásquez, folhetins e artigos para jornais e revistas e 10 roteiros de cinema para longas. No mais recente, Tabajara Ruas é autor, com Letícia Wierzchowski, do roteiro de *O Tempo e o Vento*, baseado em Erico Verissimo, para um filme de Jayme Monjardim.

Dirigiu com Beto Souza o longa *Netto Perde sua Alma*, 2001, baseado no seu livro homônimo, com 15 prêmios em 5 festivais nacionais e internacionais.

Em 2004 fundou com Ligia Walper a empresa cinematográfica Walper Ruas Produções, que realizou dois longas com sua direção: o documentário *Brizola, Tempos de Luta*, 2006, e a sequência *Netto e o Domador de Cavalos*, 2008. Todos os seus filmes receberam prêmios e excelentes críticas.

Em 2014 o épico *Os Senhores da Guerra*, seu último filme, onde atuou como diretor, roteirista e produtor, recebeu o Prêmio Especial do Júri no Festival de Cinema de Gramado.

CRISTIANE LÖFF é *Designer*, Artista Plástica e Gestora Cultural. Formada pelo Instituto de Artes da UFRGS, estudou na Faculdade de Arte San Fernando, Madrid, Espanha, e fez pós-graduação em Design de Produto na PUC-RS.

Em 2013 participou como *designer* e da produção editorial do livro *Mario Quintana* com Dulce Helfer, Tabajara Ruas e Armindo Trevisan e do livro *A História de Walachai*, de Rejane Zilles.

Superintendente de Fundação Cultural Vera Chaves Barcellos, em Porto Alegre, de março a novembro de 2012.

Foi assessora do Ministro de Estado da Cultura Juca Ferreira e Gerente de Projetos entre maio de 2009 e dezembro de 2010 no Ministério da Cultura, em Brasília. Representante da Secretaria de Políticas Culturais na Comissão de Avaliação do Programa de Intercâmbio e Difusão Cultural.

Foi Coordenadora da Unidade Cultural do Instituto Moreira Salles, de Porto Alegre, de 2005 a 2009, realizando exposições, coordenando o trabalho de arte-educação, na divulgação, e promovendo o lançamento de livros e cursos.

Trabalhou como Coordenadora de Artes Visuais da Prefeitura Municipal de Porto Alegre. Participa de júris de seleção e coordena montagens e curadorias, e organiza concursos e festivais de arte da Secretaria de Cultura

Ilustradora, em 2004 ilustrou o livro *Finnícius Riovem*, tradução livre de James Joyce por Donaldo Schüler.

Em 2002 trabalhou para a SMIC, coordenando projeto de qualificação do artesanato, e criou linha de *design* para Incubadora de Costureiras da Economia Solidária.

Editora de Arte da revista *Aplauso* e revista *Amanhã* em 2001.

Consultora do Sebrae-RS, a partir de 2000, desenvolveu vários projetos junto ao Via Design.

Em 1996 abriu a Livraria Documenta. No espaço realizaram-se encontros literários com escritores como João Gilberto Noll, Tarso Genro e Roberto Freire.

Em 1991, na Jornal Comunicações, foi Editora de Arte de revistas de cultura, arquitetura e economia, entre outras publicações. De 1989 a 1991, trabalhou como Diretora de Arte na Símbolo Propaganda.

Desde 1993 até hoje, seu estúdio de *design* criou publicações para a Secretaria Municipal da Cultura, Escritório Municipal de Turismo, Instituto Estadual do Livro, Associação Psicanalítica de Porto Alegre, Museu do Carvão, catálogos para o Museu de Arte do Rio Grande do Sul e projetos expográficos para o Museu de Porto Alegre Joaquim Felizardo, entre outros trabalhos na área. Participou de exposições no Brasil e exterior, tendo suas obras em acervos públicos e particulares e vários prêmios de *design*.

Atualmente trabalha com produção cultural e *design* de projetos nas áreas de Artes Visuais e Literatura.

PAZ

Os caminhos estão descansando...